Andreas Drouve

Liebeserklärung an Südamerika

Der Autor:
Andreas Drouve, geboren 1964, Dr. phil., gilt mit weit über 100 publizierten Titeln als einer der erfolgreichsten deutschen Reise- und Kulturbuchautoren. Südamerika ist ein Steckenpferd des studierten Völkerkundlers, seit er als Student seine ersten Rucksacktouren startete. Für den Stürtz-Verlag hat er Texte zu diversen Bildbänden über südamerikanische Länder verfasst, unter anderem Peru, Bolivien, Kolumbien, Venezuela und Ecuador.

Der Autor im Internet:
www.andreas-drouve.de

Andreas Drouve

Liebeserklärung an

SÜDAMERIKA

Dschungel, Gletscher, Wüstenweiten –
Erlebnisse auf einem Traumkontinent

Stürtz

Fotomotive des Umschlags:
Titelbild: *Flussfahrt ab Puerto Ucaima in Richtung des Tafelberges Auyan-Tepui, Venezuela*
Klappe vorne: *Überlandtransport im Süden Kolumbiens bei San Agustín*
Klappe hinten: *Capybaras (Wasserschweine) in den Llanos von Venezuela*
Umschlagrückseite: *Straßenzug in Barichara, Kolumbien*

Buchgestaltung
SILBERWALD® – Agentur für visuelle Kommunikation, Würzburg
www.silberwald.eu

Covergestaltung
Andreas Wiedemann

Karte
Kartographiestudio Jochen Fischer, Aichach
www.kartographiestudio.de

Printed in Germany
Druck/Verarbeitung:
AZ Druck und Datentechnik, Kempten
www.az-druck.de

ISBN 978-3-8003-4756-8

INHALT

Vier Kurzbemerkungen vorab:

1) Der Aufbau des Buches hat seine Logik. Start ist in Ecuador, wo das Vorwort einsetzt. Ab dort geht es gegen den Uhrzeigersinn rund um den Kontinent, der seinen Abschluss mit Kolumbien findet.

2) Die Kapitel zu Galápagos und zur Osterinsel gehen zu südamerikanischen Anhängseln in den Pazifik hinaus, andere Kapitel sind vereinzelt länderübergreifend.

3) Jedem Kapitel steht ein passendes Zitat voran, meist eine kleine Buchpassage eines Forschers, Journalisten oder Literaten.

4) Die vereinzelte Verwendung des Wortes „Indios“ ist nicht herabsetzend gemeint, sondern dient lediglich dem besseren Allgemeinverständnis; korrekter wäre der Begriff „Indígenas“/„Indigene“.

ANNÄHERUNG AN SÜDAMERIKA

„Der ernste Wunsch, ein tropisches Land zu besuchen, das Üppige des Tier- und Pflanzenlebens selbst zu sehen (...) waren die Motive, die mich bewogen, die Bande des häuslichen und Geschäftslebens zu brechen und mich aufzumachen."

Naturforscher Alfred Russel Wallace in „Abenteuer am Amazonas und am Rio Negro", 1853

Der Auftakt konnte kaum verheerender sein. Ein kurzer Rückblick auf Sonntag, den 10. August 1986:

Eine wahre Flugodyssee liegt hinter mir, als ich in Quito, Ecuador, erstmals den Boden Südamerikas betrete. Vier Zwischenlandungen haben an meiner Substanz genagt und der Airline genügend Spielraum gegeben, Gepäck zu verlieren. Einsam stehe ich am Rollband, das gerade seinen Betrieb einstellt. Mein Rucksack fehlt. Und damit auch mein Zahnpflegeset, fährt es mir durch den Kopf. Seit dreißig Stunden wartet mein Rachenraum auf seine Hygienewartung. Den Geschmack im Mund nur mit „pelzig" zu umreißen, wäre untertrieben. Ich habe nichts weiter dabei als die Kleidung auf dem Leib, den Geldgürtel um die Hüfte und mein Handgepäck in Form einer kleinen, hässlichen, aber praktischen Bundeswehrkampftasche mit Ausweis, Rückflugticket und zwei Kameras. Immerhin.

„Donnerstag kommt das Gepäck“, bekomme ich am Schalter der zum Glück längst verschwundenen venezolanischen Fluggesellschaft Viasa zu hören. Vier Tage später! Von den Vertretern der Airline gibt es weder eine Runde Einwegslips noch Entschädigung noch ein Notfallzahnpflegeset. Ich bin zu ermattet, um mich standesgemäß teutonisch zu beschweren, nehme die Widrigkeiten als schicksalsgegeben an und einen Bus vom Flughafen in die Stadt. Es ist Mittagszeit, die Sonne scheint. Nach etwa zwei Kilometern Fahrt gibt es einen grässlichen Knall. Der Bus stoppt abrupt. Ein Reifen ist geplatzt, eine Lappalie zwischendurch. Der Fahrer bittet uns auszusteigen, dann quetscht sich die menschliche Fracht in den nächsten Bus. Ohne Gepäck unterwegs zu sein, hat auch seine Vorteile. Irgendwo in der Innenstadt steige ich aus, atme Höhenluft, decke mich am Stand einer Indiofrau mit Zahnbürste, Zahnpasta, Shampoo, Deo, Seife, Kaugummis ein. Auf der Suche nach Unterkunft öffne ich meine Tasche – und spüre sofort einen tiefen, stechenden Schmerz auf dem rechten Auge. Die Metallschlaufe der Bundeswehrkampftasche ist mir ohne Fremdverschulden aufs Lid geschnellt. Oder ist es eine von unsichtbarer Hand des Bundesverteidigungsministeriums lancierte Rache dafür, dass ich jedwedes Militär und kriegerisches Utensil verabscheue …? Ich öffne das Auge und sehe, dass ich nichts mehr sehe, bloß einen weißen Schleier. Das Auge beginnt zu tränen. Ich setze mich hin, hoffe auf Besserung. Kurze Sehtests verlaufen ernüchternd, der Schleier bleibt. Nur keine Panikattacke, handele überlegt, raunt mir meine innere Stimme zu. Sicher, ich bin in einer fremden Stadt in einem fremden

Land, ich kenne niemanden und habe weder Gepäck noch ein Bett für die Nacht – doch im Grunde darf es nie darum gehen, was man nicht hat, sondern darum, was man hat. In diesem Fall nämlich: ausreichend Geld, zwei funktionstüchtige Beine, zwei Arme, zwei (technischerseits gesehen leider: linke) Hände und ein Restauge. Und ich spreche Spanisch. So beginne ich mich zu einer Klinik durchzufragen – und das, als wäre es nicht genug, an einem Sonntag, der sich heute überdies mit Ecuadors Nationalfeiertag deckt. Ich treffe überaus, ja fast beschämend hilfsbereite Leute. Ein Mann will mir gar das Fahrgeld für den Bus zu einem Spital spendieren, das – man ahnt es – weit außerhalb liegt. In der Notfallabteilung werde ich frei von Bezahlung und bürokratischen Hürden geradezu herzlich empfangen. Ob das im umgekehrten Fall auch so wäre? Man stelle sich vor: Ein Ecuadorianer sucht an einem deutschen Feiertag in einer deutschen Großstadt Hilfe im Krankenhaus. Dort also, wo man meiner Erfahrung nach bei der Aufnahme noch mit gebrochenen Knochen und im Wachkoma wie automatisch Personalien und Krankenversicherungsnummer vorweisen muss …

Diverse Mediziner, die allerdings keine Augenärzte sind, nehmen sich zunächst meiner an und beraten sich untereinander. Einer träufelt mir eine Flüssigkeit ins Auge und lässt mich auf einem Krankenbett ausruhen. Einige Wartezeit später bringt mich eine stämmige Schwester zu einem Mann, der wirklich vom Fach ist. Bei der Schilderung des Vorfalls und dessen Konsequenzen stoße ich sprachlich an meine Grenze. In Gymnasial- und Hochschulkursen habe ich zwar gelernt, Gedichte auf Spanisch zu interpretieren, und ich könnte Referate über die Tragik der Kolonialgeschichte Lateinamerikas halten. Doch wie soll ich nun „weißen Schleier vor Auge nach selbstverschuldeter Schlageinwirkung durch Metallschlaufe einer Militärtasche“ auf Spanisch genau erklären …? So etwas bringt einem niemand bei, das lehrt erst das Leben. Der Ophthalmologe verdunkelt den Raum, leuchtet mir mit einem Lämpchen ins Auge. Er stellt so etwas wie „Kratzer“ fest, aber „nichts Schlimmes“. Ich solle mir keine Sorgen machen. Nun setzt es eine größere Träufelmenge, bevor er das Auge samt Umfeld in einen weißen Klebeverband solchen Ausmaßes packt, dass er die gefühlte Hälfte meines Gesichtes bedeckt. Darüber kommt eine Schutzklappe. In diesem Aufzug breche ich auf, um eine Unterkunft in der City zu entern – und ernte unterwegs manch befremdeten Blick.

Soweit der Beginn meines ersten Tages auf einem unbekannten Kontinent. Bald war mir klar, dass es der Beginn einer langen Beziehung werden sollte, die sich mit jeder Reise intensivieren und vertiefen würde. Zeugnis davon gibt diese „Liebeserklärung an Südamerika“, absolut subjektiv, zutiefst persönlich, polit- und folklorefrei, unterteilt in annähernd 30 Kapitel: Reportagen, Essays, ungeschönte Reise- und Tagebuchskizzen, Abenteuer, Begegnungen und Erlebnisse aus drei Jahrzehnten. Die Atacamawüste und Feuerland kommen vor, Argentiniens Hauptstadt Buenos Aires, das Delta des Orinoco, die rätselhaften Linien von Nazca in Peru, ein Nationalparktrekking in Patagonien, der Silberberg im bolivianischen Potosí, Karneval in Brasilien, Tafelbergpanoramen und

Anakondas in Venezuela, die Wasserfälle von Iguazú, historische Missionen der Jesuiten in Paraguay, die Dschungelweiten in Amazonien, Spuren der entlegenen Tierradentro-Kultur in Kolumbien. Eindrücke, Landschaften, Szenerien, die faszinieren und fesseln, die Sehnsüchte wecken und mich bei den Gedanken daran am liebsten gleich wieder aufbrechen lassen.

Fortbewegung auf all den Reisen haben mir Busse und Bahnen verschafft, die eigenen Beine, Boote, Jeeps, Propellerflugzeuge, Fahrräder, Vespas, Kajaks, Berggondeln, Pferderücken, schafkotverzierte Ladeflächen von Pickups. Und ein Mopedtaxi, auf dem mich ein junger kolumbianischer Heißsporn einmal vom Flusshafen von El Banco über Land ins Weltkulturerbe- und Kirchenstädtchen Mompox brachte. Per ausrangiertem Reifenschlauch sah ich meinen Rucksack am Rückgestänge eines antiken Kleinkraftrads verknotet, dann drückte ich mich hinter den Piloten auf ein fransiges Handtuch. Ohne Helm und dem Verlauf der bevorstehenden Zweistundentour ergeben, geprägt von Schotter, Schlaglöchern, Staub und Hitzeglut. Ein Härtetest für Körper, Geist, Maschine und Gesäß. In der Casa Amarilla, dem „Gelben Haus“, einem Travellertreff mit grünem Hof, empfing mich Verwalterin Carmen mit den Worten: „Mompox, das ist nichts für jeden, da muss man erst einmal hinkommen!“ Wie wahr.

In Südamerika habe ich ausnahmslos immer Glück gehabt, habe eine Tour auf dem Inkapfad und einen Inselausflug auf dem Titicacasee um Haaresbreite überlebt. Typisch auch, dass die Geschehnisse zu Beginn in Ecuador einen guten Ausgang nahmen. Mein Gepäck traf irgendwann ein, nach Abnahme des Verbands war ich wieder praktizierender Zweiäuger. Fortan sah ich die grandiosen Bergwelten Ecuadors aus ganz anderer Warte, warf unterwegs ein Auge auf Mariana und Edith, nahm die Galápagos-Inseln in Augenschein und fühlte mich im Amazonastiefland auf einem mehrtägigen Marsch von tausend Blicken des Dschungels beäugt. Überall in Südamerika lernte ich viele, viele freundliche Menschen kennen. Nur den Namen des Augenarztes in Quito hatte ich mir nicht notiert. Das ist mir bis heute, nun ja, ein Dorn im Auge.

INSELHÜPFEN AUF GALÁPAGOS

Das Tierparadies Galápagos kommt einem Freiluftzoo aus der Urzeit gleich: Meerechsen, Pelikane, Landleguane, Riesenschildkröten. Hinzu gesellen sich Blaufußtölpel und Seelöwen, die in gewaltigen Kolonien leben. Selbst Flamingos und Pinguine kommen im Archipel vor, wo Besucher wie ich automatisch die Fährte von Naturforscher Charles Darwin aufnehmen.

„Der Tag war glühend heiß und das Kriechen über die raue Fläche und die verwirrten Dickichte sehr ermüdend; ich wurde aber durch die fremdartige zyklopische Szenerie reichlich belohnt. Wie ich dahin ging, begegnete ich zwei großen Schildkröten, von denen eine jede mindestens zweihundert Pfund gewogen haben muss."

Charles Darwin (1809 –1882)

Es ist der 15. September 1835, als ein junger britischer Wissenschaftler seine ersten Eindrücke von einer Inselwelt festhält, die etwa tausend Kilometer vor der Westküste Südamerikas liegt. „Zehn Hauptinseln" und „mindestens zweitausend Krater" gebe es wohl, notiert Charles

Darwin, 26, der seit vier Jahren zum Team des Vermessungsschiffes Beagle gehört, das sich unter dem Kommando von Robert Fitz Roy auf Weltumseglung befindet. Knapp fünf Wochen wird der Segler Station auf den Galápagos-Inseln machen, bei Experimenten und auf Landgängen wird Darwin den Archipel als „eine kleine Welt für sich" erkunden. Und er wird überrascht sein, dass „ungefähr fünfzig oder sechzig Meilen voneinander entfernt liegende Inseln, die meisten in Sicht voneinander, aus genau denselben Gesteinen bestehend, in einem ganz ähnlichen Klima gelegen und nahezu zu derselben Höhe sich erhebend" von unterschiedlichen Lebewesen bewohnt sind. Zu diesem Zeitpunkt kann Darwin nicht ahnen, dass gerade der Aufenthalt auf dieser entlegenen Inselwelt seine Gedankenketten zur Selektionstheorie anstachelt und eine gewisse Inkubationszeit braucht; erst viele Jahre später, 1859, wird sein Bahn brechendes Werk zur Entstehung der Arten erscheinen.

Einige Menschenzeitalter wiederum sind vergangen, als ich auf Galápagos einjette und mich an eine weniger erbauliche Textpassage der Darwin'schen „Reise eines Naturforschers um die Welt" erinnert fühle: „Die trockene und ausgedorrte, von der Mittagssonne erhitzte Oberfläche gab der Luft ein eingeschlossenes und drückendes Gefühl, wie ein Ofen, wir bildeten uns selbst ein, dass die Gebüsche unangenehm röchen." Brütende Hitze, stechendes Licht, staubige Trübsal. Das sind meine ersten Impressionen, als ich nach meinem Flug ab Guayaquil auf Baltra die Gangway hinabgehe. Dieses karge, von meterhohen Kakteen übersäte Flachland soll Galápagos sein? Die Inseln hatte ich mir vom ersten Moment an als pure, überwältigende Magie vorgestellt. Die zu entrichtende Eintrittsgebühr in den Galápagos-Nationalpark verstärkt allein durch ihre Höhe den Eindruck, dass ein außergewöhnliches Ziel erreicht ist. An der Küste beginnen andere Panoramen. Das Meer trägt Türkisfärbung, ich mache erste Pelikane aus. Mariana, die aus Guayaquil stammt und auf der kurzen Fährüberfahrt zur Nachbarinsel Santa Cruz plötzlich neben mir sitzt, fragt mich mit einem kecken Grinsen, ob wir die Augen tauschen könnten: sie ihre braunen gegen meine graublauen. Wären Transplantationen möglich, hätte ich nichts dagegen. Außerdem könnte ich mir mit Mariana einen gemeinsamen Hospitalaufenthalt während des Augenwechsels überaus romantisch vorstellen.

Die Bilder auf Santa Cruz, der zweitgrößten Insel im Archipel, sind vorerst keine, die mich packen, wie die Busfahrt in die Hauptstadt Puerto Ayora zeigt. Unterwegs sehe ich Kühe und Pferde, Ansiedlungen, Buschwerk, beileibe nichts Weltbewegendes. Nur ferne Vulkankegel fallen erfreulich aus dem Rahmen der Normalität. Und doch spüre ich, dass etwas Besonderes, etwas Einzigartiges bevorsteht. Es ist eine Ruhe-vor-dem-Sturm-Stimmung. In Puerto Ayora, meinem Basislager, suche ich mir ein Hostal und verliere Mariana aus den Augen. Leider. Wer im Alleingang reist, muss auch allein bleiben können. Obgleich ich die Nacht nicht alleine verbringe. Eine Spinne und eine schwer zu schätzende Anzahl an Kakerlaken teilen das Zimmer mit mir.

Endlich sehe ich sie, tags darauf auf Lavafelsen, bestens getarnt, lebendige Wunder der Natur: Meerechsen, die im

Gegensatz zu Mariana allerdings alles andere als eine Augenweide sind. Darwin widmete der Meerechse im Oktober 1835 eine Antiliebeserklärung: „Es ist ein hässlich aussehendes Geschöpf von einer schmutzig schwarzen Färbung, dumm und träge in seinen Bewegungen." Diese Bewegungsträgheit, so man sie als solche bezeichnen mag, gilt nur an Land. „Ist diese Eidechse im Wasser, so schwimmt sie mit vollkommener Leichtigkeit und Schnelligkeit durch eine schlangenartige Bewegung ihres Körpers und seitlich abgeplatteten Schwanzes", fügte Darwin hinzu, konnte diesen „widerwärtigen Reptilien" aber nichts abgewinnen. Zeit, eine Lanze zu brechen für die Urzeitgeschöpfe. Obgleich ich nicht der Spezies der Naturforscher zuzurechnen bin, vermeine ich bei den Echsen ein geradezu spitzbübisches Lächeln zu erkennen, was einen hohen Grad an Überlegenheit ausstrahlt. Ich kann mich nicht losreißen von den Tieren, die einen nah an sich heranlassen, gute Taucher sind und deren Nahrung aus Seegras besteht. Manche Männchen sind weit über einen Meter, kleinere Exemplare nur einen halben Meter lang. Irgendwie hatte ich mir die Minidrachen trotzdem größer vorgestellt. Sie werden mir zu lieben, gewohnten Begleitern auf den Inseln. Mal in Rudelbildung, mal alleine, mal regelrecht aneinander geschmiegt.

Erloschene Vulkankegel, Buchten und Lavamassen formen die Millionen Jahre alten Kulissen für dieses Naturparadies im Pazifik, wo die Tiere kaum Scheu vor dem Menschen kennen. Strömungen und schwierige Navigation flößten den Seeleuten vormals Angst ein. Es machte die Runde von den „Verzauberten Inseln", Islas Encantandas.

1535 dürfte sie der Bischof von Panamá, Tomás de Berlanga, in den Strudeln einer Irrfahrt als erster Weißer gesichtet haben. 1570 tauchte der Archipel erstmals auf einer Karte auf. Der Einschnitt zwischen unberührter Idylle und menschlichen Eingriffen blieb nicht aus. Zunächst waren es Piraten und Walfänger, dann Kolonisten, die in den bis dahin isolierten Naturhaushalt eingriffen. Schildkröten wurden in Proviant verwandelt, Ratten, Schweine und Hunde eingeführt. Im Jahr 1807 ging der Ire Patrick Watkins als Erstsiedler in den Annalen ein, 1832 annektierte Ecuador die Inseln. Anfang des 20. Jahrhunderts waren einige hundert Bewohner registriert, heute sind es an die 30 000.

Für blühendes Business im Weltnaturerbeziel Galápagos stehen Touristen – und davon wieseln im Süden von Santa Cruz bei meinem Ausflug in die Tortuga Bay einige umher. Die Wimmelbilder rundherum komplettieren Meerechsen, Pelikane, fingergroße Heuschrecken. Brecher krachen an den sandigen Strand, es ist heiß, und die Kakteenlandschaft im Innern der Insel ist nicht weniger sehenswert als diese „Schildkrötenbucht", obgleich ohne Schildkröten. Längs der Küste folge ich einem versteckten Lavapfad und damit einem Tipp meines Hostal-Besitzers Daniel. Ziel hinter einem Mangrovengebiet ist eine Lagune mit Flamingos. Fern von Menschen und Uhrzeigern widme ich den rosa Grazien meine Zeit.

Das Inselhüpfen entspricht heute einem gewaltigen Schaukeln. Der Seewind bläst beträchtlich. Ein Ausflugsboot bringt mich und ein Grüppchen gut gelaunter Festlandsecuadorianer aus Cuenca zur schroffen Vulkaninsel

Bartolomé, die 114 Meter hoch aus dem Ozean ragt. Hier lässt sich die Entstehung der Erde ganz plastisch nachvollziehen. Unser Führer mahnt an, auf den Wegen zu bleiben. Kleine Lavakakteen lugen hervor, Pelikane halten sich im Wind. Der Augenschwenk von der Inselspitze über den nadelgleichen Lavafelsen Pináculo im Meeresblau und den vulkanübersäten Inselnachbarn Santiago brennt sich bei der Hitze besonders ins Gedächtnis. Seehunde und Pinguine sind Begleiter beim Meeresbad, das wohltuend erfrischt. Die Wassertemperatur liegt unter zwanzig Grad. Auf dem Rückweg lege ich mich flach aufs Deck, fühle mich als Verbindungsstück zwischen Erde und Himmel über Galápagos – und werde mit einem gnadenlosen Sonnenbrand bedacht. Als ich zurück an Land bin, schwanke ich weiter. Der feste Boden unter den Füßen hilft nur bedingt.

Zwei Tage darauf steche ich mit den netten Leutchen aus Cuenca aufs Neue in See. Und zwar in eine deutlich rauere. Delfine tollen ums Boot, zwischen Wellental und Wellental feiere ich Wiedersehen mit meinem Frühstück. Seefest war ich noch nie, selbst nicht nach einem Fünf-Wochen-Training auf einem Kreuzfahrtschiff zwischen Karibik und Südamerika. Langsam durch die Hose ausatmen, sage ich mir beim Kampf gegen die Übelkeit, bevor ich einen strengen Fischgeruch bemerke. Der stammt zum Glück nicht von mir, wie sich herausstellt, als wir eine Inselbucht auf Santa Fe ansteuern. Olfaktorische Urheber sind Seelöwen, die so dicht an dicht liegen wie sonst nur Mallorcaurlauber zur Hochsaison am Strand. Noch stattlichere Anhäufungen bekomme ich Tage später bei einem Trip zur Insel Plazas Sur zu sehen, dafür gibt es auf Santa

Fe Landleguane als Zuschlag. Es ist ein netter Zug unseres Führers Gonzalo, dass er uns erst nach dem Bad im Meer von Haivorkommen berichtet, die nicht unbeträchtlich zu sein scheinen. „Die Haie attackieren nicht“, versichert er. Ob das die Haie auch wissen?

Die Darwin-Forschungsstation bei Puerto Ayora ist interessant, ersetzt aber keine Wildlife-Eindrücke von Riesenschildkröten. Deshalb fahre ich ins Inselinnere nach Santa Rosa, starte ins Schildkrötenreservat El Chato und mache Bekanntschaft mit echten Urgesteinen der Tierwelt. Diese Panzer! Und diese so ledrig erscheinende Runzelhaut – die habe ich in vergleichbarer Intensität und bei anderer Gelegenheit nur einmal in Mexiko auf einem Landausflug von nordamerikanischen Kreuzfahrtschiffsgästen zu sehen bekommen. Tiere waren keine in der Nähe.

„Es unterhielt mich immer sehr, eines dieser großen Ungeheuer zu überholen, wenn es ruhig dahin ging“, lese ich bei Darwin, wobei er keine Kreuzfahrer meinte, sondern die Riesenschildkröten, und kleine Experimente anging. Während des Darwin'schen Überholvorgangs sah er, wie die Schildkröte instinktiv Kopf und Beine einzog und sich „unter Ausstoßung eines tiefen Zischens mit einem schweren Ton auf die Erde fallen ließ“, ganz so, als sei sie gerade „totgeschlagen“ worden. Gefallen fand Darwin auch an anderen Schildkrötenexperimenten: „Ich stellte mich ihnen häufig auf den Rücken; wenn ich ihnen dann ein paar Schläge auf den hinteren Teil ihres Rückenschildes gab, standen sie auf und gingen weiter; ich fand es aber sehr schwierig, das Gleichgewicht zu behalten.“

Auch die gleichermaßen harmlosen Meerechsen entkamen den archaisch anmutenden Pionierversuchen zu Lebens- und Verhaltensweisen nicht: „Ein Matrose an Bord versenkte eine, mit einem schweren Gewichte an ihren Körper gebunden, in der Absicht, sie auf diese Weise direkt zu töten; als er sie aber nach Verlauf einer Stunde mit der Schnur heraufzog, war sie vollständig lebendig." An einem anderen Tag übte sich Darwin in dem bis heute nicht offiziell als Sportart anerkannten Meerechsenweitwurf: „Ich warf eine dieser Eidechsen mehrere Male, so weit ich konnte, in einen tiefen, von der zurückgehenden Flut gelassenen Tümpel; sie kehrte aber ausnahmslos in einer geraden Linie nach dem Flecke zurück, wo ich stand." Darwin schloss daraus, dass die Meerechse keine Landfeinde kannte.

Plüschweich und weiß, schwarzer Schnabel, unbeholfen watschlig – so sieht der Nachwuchs der Blaufußtölpel aus, der mich beim Inseltrip nach Seymour Norte begeistert. Die blauen Füße treten erst beim weiteren Lebensweg hervor, erfahre ich vom Guide. Und: Je leuchtblauer die Männerfüße, desto mehr lässt sich ein Weibchen dadurch beeindrucken. Im Reich des Homo sapiens dürfte eine Frau bei derlei Mannesanblick eher von Erfrierungen vierten Grades ausgehen und würde wohl mitleidig ein Paar Wollsocken reichen. Und unter uns Menschen würde es das Weibchen ebenso wenig beeindrucken, wenn der männliche Paarungskandidat erst einmal seinen scharlachroten Kehlsack aufplustert – unter Fregattvögeln, die ich ebenfalls auf Seymour Norte beobachte, schindet das hingegen mächtig Eindruck.

Der Abschiedsabend ist gekommen. Nach dem Essen gehe ich mit Cathy, Soledad, Edith und einigen andern an die Mole von Puerto Ayora. Wir blicken aufs Meer hinaus, auf die Positionslichter der Schiffe. Galápagos – ein Traum ist wahr geworden.

IN EISWASSER, SCHNEE UND BARFUSS ÜBER DEN INKAPFAD

Hier, auf Höhen um die 4000 Meter, spüre ich in den eisigen Gebirgsbächen plötzlich meine Füße nicht mehr. Ich bin allein, baue mein Zelt im Schneetreiben auf, starte Wiederbelebungsversuche meiner Zehen. Die Schuhe sind irreparabel kaputt. Ich gehe weiter, nunmehr barfuß durch die Anden, komme vom Weg ab, rutsche im Dauerregen Hänge hinab. Survival auf dem Inkapfad nach Machu Picchu. Erinnerungen an eine gefährliche, lebensbedrohliche Gratwanderung, auch an Fahrlässigkeit und Naivität.

„Würde irgend jemand glauben, was ich gefunden hatte?"

Archäologe Hiram Bingham (1875–1956), im Jahre 1911 offizieller Wiederentdecker der Inkastadt Machu Picchu

Rückblick

Ja, es war jugendlicher Leicht- und Wahnsinn, dergestalt ins Gebirge aufzubrechen. Allein und ohne adäquate Ausrüstung. Ohne richtige Wanderstiefel. Ohne Detailkarte für eine Strecke, die Viertausender-Pässe passierte und für die ich drei Tage veranschlagt hatte. Es sei jedem eine Warnung und ist bei mir nicht mehr vorgekommen ...

Mein Ziel war der Inkapfad, genauer gesagt: das letzte, spektakuläre Stück jenes Trails über die Anden bis Machu Picchu, die „verlorene Stadt der Inka", die der US-Archäologe Hiram Bingham 1911 mit Indiohilfe wiederentdeckte. Überwuchert von Pflanzen, verbargen sich zu Binghams Zeiten Dutzende zerfallener Gebäude in der Bergeinsamkeit, Tempel, Paläste, Freiplätze, ein Gewirr an Mauern, Treppen, Anbauterrassen. Dank der versteckten Lage war Machu Picchu vor dem Zugriff der Konquistadoren verschont geblieben und könnte als kultisches Zentrum, Fluchtburg oder Herrschaftssitz der letzten Inka gedient haben. Theorien gibt es viele. Das Geheimnis ist nicht gelüftet, doch Machu Picchu – längs restauriert und touristisch vorbereitet – einer der größten Magneten in Südamerika. Was die Verschmelzung von Kultur und Natur anbelangt, gibt es wohl keinen Anblick, der tiefer beeindruckt.

In der Stadt Cusco, einst im Reich der Inka der „Nabel der Welt" und von den Spaniern in ihrem Goldwahn zerstört, lieh ich mir ein Zelt für meine persönliche Expedition und hinterließ einen Teil des Gepäcks in meiner Unterkunft. Dann kaufte ich Vorräte und ein Zugticket bis „Kilometer 88", meinem Einstieg auf den Inkapfad. Ich weiß, dass sich seither vieles geändert hat. Als meine Fußspuren lange verwischt waren, kam es zu Restriktionen. Das Pfadstück, das lediglich einen minimalen Partikel des riesigen, über 20 000 Kilometer umspannenden Wegenetzes der Inka ausmacht, stand nur noch Teilnehmern geführter Wanderungen offen. Hinzu kam, dass die Zahl der Trekker begrenzt wurde und zum Tourenpersonal Kombinate aus Trägern, Zeltaufbauern und Köchen zu zählen begannen. Da ich unterwegs im Schneetreiben und mit halberfrorenen Füßen gelobte, den Inkapfad nie mehr zu gehen, fehlt mir der Vergleich zwischen damals und heute, aber ich nehme an, dass angesichts von derlei Annehmlichkeiten der Abenteuereffekt weitgehend erloschen ist. Dafür dürfte man heil und sicher ankommen und die Eindrücke und Schönheiten der Natur besser genießen können. Auf „meinem" Inkapfad war es mir des Abenteuers und der Dramatik zuviel.

Die folgenden Skizzen entstammen dem handgeschriebenen Tagebuch, bei dem es für diese „Liebeserklärung" galt, zum Entschlüssler der eigenen Hieroglyphen zu werden. Nachdem ich endlich ein rettendes Quartier erreicht hatte, erfolgte die Niederschrift mit zittriger Hand, eine Nachwirkung der Strapazen.

Erster Tag

Cusco, es ist ein 15. September. Der Vierzehn-Uhr-Zug startet pünktlich. Später hält er auf freier Strecke an, rangiert hin und her und bleibt aus unerfindlichen Gründen über eine Stunde lang stehen. In meine Zeitplanung passt das ganz und gar nicht, denn bei „Kilometer 88" will ich noch bei Tageshelle mein Zelt aufschlagen. Es geht weiter, der Zug schnaubt durch die Berge. Wie benommen sitze ich auf meinem Rucksack über dem Trittbrett und schaue hinaus, voll andächtiger Vorfreude, mir in wenigen Tagen den Lebenstraum zu erfüllen, das sagenumwobene Machu

Picchu zu sehen. Es dämmert, als der Zug in der Station „Kilometer 88" einfährt. Ich bin erstaunlicherweise der einzige Passagier, der hier aussteigt. Ein seriöser, netter Mann kassiert eine Eintrittsgebühr für den Inkapfad und gleich mit für Machu Picchu. Statt zu campen, sagt er mir, soll ich die „Hütte da hinten" nahe der Bahn nehmen und deutet hinüber. Es ist ein winziger, verwahrloster Bau, der offensteht. Ich vergesse zu fragen, wem die Minibaracke gehören mag oder irgendwann gehört hat. Das Interieur ist spartanisch, ausgerichtet auf eine Person, aber funktional und nicht einmal ungepflegt. Vor mir steht ein Bettgestell aus zusammengezimmerten Holzbrettern, eine Matratze gibt es nicht. Ist vielleicht besser so, habe keine Lust auf Wanzenbekanntschaft und fühle mich trotzdem geborgen. Gegen acht nehme ich mein Nachtmahl ein, Ölsardinen mit Brot. Bevor ich mich in den Schlafsack rolle, verbarrikadiere ich von innen die Tür, so gut es geht. Man kann ja nie wissen. In der Nacht wird es regnen.

Zweiter Tag

Um halb sieben trete ich vor meinen Verschlag, trenne mich von der Blase Last und genieße die Stimmung der aufgehenden Sonne über den Bergen. Ein verheißungsvoller Beginn. Proviant und Leihzelt haben meinen Rucksack trotz des in Cusco deponierten Teilgepäcks, darunter Ersatzschuhe, allzu schwer gemacht. Es hilft nichts, ich schultere mein Bündel und marschiere los. Meine „Wanderkarte" beschränkt sich naiverweise einzig auf eine Skizze, die ich aus einem englischsprachigen Reiseführer herausgetrennt habe; die Gesamtlänge des Inkapfadstücks wird mit etwa 50 Kilometern angegeben. Keine Ahnung, ob das so stimmt. Über eine Brücke passiere ich den Urubamba-Fluss, der Trail ist deutlich identifizierbar und beginnt recht einfach. Es geht an Ansiedlungen vorbei. Ein paar Pferdetreiber kommen mir entgegen, ich überhole ein erschöpftes Touristenpaar. Es werden vorerst die letzten Menschen sein, denen ich begegnen werde, doch das ist mir zu diesem Zeitpunkt ebenso wenig bewusst wie der mörderische Streckenverlauf. Als ein Regenguss einsetzt, suche ich unter einem Felsvorsprung Schutz. Später sehe ich zu Bergriesen auf, die ihre Schatten in ein fruchtbares, grünes Tal werfen. Nach etwa zwei Wegstunden kommt eine weitere Siedlung, dahinter beginnt aufwärts ein Marterstück. Nach dem ersten Anstieg ist meine Kleidung schweißtriefend nass, so geht es kilometerlang weiter, immer steil nach oben. Die „Wanderkarte“ gibt dazu keinen Aufschluss, einzig der 4200-Meter-Pass ist als wichtiger Eintrag gesetzt. Der Anstieg will kein Ende nehmen. Regen setzt ein. Der Pfad zieht sich an einem Bach entlang, dann durch dichte Nebelwaldvegetation. Die Beine schmerzen, Schultern und Rücken ebenso. Ein Härtetest. Als ich den Passgiganten erreiche, bin ich restlos erschöpft. Kurzzeitig kommt mir der Gedanke, die Tour einfach abzubrechen, zurückzuwandern ins Tal, aber das ist nicht meine Art. Im Leben richtet sich mein Blick immer nach vorn. Der Wind ist eisig, die prachtvollen Ausblicke nehme ich nur beiläufig wahr. Der Steilabstieg macht den Gelenken zu schaffen. Es herrscht nun strömender Regen, es ist glitschig. Gegen fünfzehn Uhr suche ich auf meinem Plan eine im Tal eingezeichnete Höhle und finde sie tatsächlich. In Wahrheit handelt es sich eher um einen etwas größeren, tieferen Überhang, der zu meiner Überraschung sogar mit Stroh ausgelegt ist. Ich bereite mein Lager: zuerst die knisternde, silbrig-gold beschichtete Rettungsdecke zur Isolierung, darüber den Schlafsack. Obgleich erst früher Nachmittag, bin ich zu erschöpft, um die nächste Passhöhe anzugehen. Ich entkleide mich, ziehe die verbliebene trockene Kleidung an, rolle mich in den Schlafsack ein, nehme die Zeltplane als schützende Überdecke und starre hinaus in den Regen, der nicht aufhört. Keine Menschenseele ist unterwegs und damit niemand, der es auf meine Habseligkeiten absehen könnte. Zur Sicherheit stopfe ich Geld und meine zwei Kameras mit in den Schlafsack. Richtig schlafen kann ich um diese Tageszeit noch nicht, es ist eine Art Halbwachzustand. Die Augen fallen mir zu, um kurz darauf erneut die Umgebung mit meinen Blicken abzusuchen. Es passiert mir erstmals im Leben, dass ich Einsamkeit als erdrückend finde. Als es auf die Dämmerung zugeht, umhüllt Nebel die Landschaft. Die Berggipfel rundherum sehe ich aus meiner Position nicht. „Schlaf heilt barmherzig alle Wunden", hat der Liedermacher Reinhard Mey einmal gesungen. Wunden habe ich noch keine, Schlaf könnte ich gut brauchen. Ich schaue oft auf die Uhr, zähle die Minuten, fiebere dem Aufbruch am Morgen entgegen. Ich spüre eine unbestimmte Unruhe, irgendwie so, wie wenn Tiere Gefahr wittern. Ich denke an mein altes Zuhause, an meine Mutter, die Vertrautheit im Wohnzimmer, sogar an das Muster der Flurtapete. Es ist seltsam, was einem so alles einfällt.

In die Nacht hinein regnet es weiter und weiter, in meinem Privatlager bekomme ich zum Glück nur ein paar Spritzer ab. Ich habe es warm und denke auf einmal mit Grauen daran, am Morgen in die nassen Sachen schlüpfen zu müssen. In dieser Umgebung trocknet nichts. Ich wünsche mir einen Sonnenaufgang wie heute und am morgigen Abend in den heißen Quellen von Aguas Calientes zu liegen, dem nächstgelegenen Ort von Machu Picchu aus. Es wird ein Wunschtraum bleiben.

Dritter Tag

Von flutendem Sonnenlicht keine Spur. Ganz im Gegenteil. Früh am Morgen ist es kalt und bedrückend düster. Es schüttet wie aus Kübeln. Soll ich warten, soll ich aufbrechen? Mein Frühstück besteht aus Keksen, Möhren, Orangen. Ich entscheide mich zum Aufbruch und zur Erleichterung des Gepäcks, deponiere Vorräte für potenzielle Nachzügler auf dem Stroh. Ich habe ein paar Plastiktüten übrig, gebe der trockenen Kleidung im Rucksack einige Zusatzschichten und ziehe die nasse Kluft an. Das Unterzelt zweckentfremde ich als Nierenschutz. Ich trete hinaus, kalkuliere sieben harte Marschstunden und gehe den nächsten Aufstieg an. Unterwegs blicke ich mich eher zufällig um und sehe, dass der Pass vom Vortag nun verschneit ist. Der Inkapfad vor mir hat sich in ein Bachbett aus Eiswasser verwandelt, ich muss durch, verliere kurz die Orientierung, finde wieder zurück. Eigentlich sollte ich fotografieren, bin aber wie gelähmt. Die Spiegelreflexkamera steckt im Rucksack, ich hole nicht einmal den kleinen Apparat aus der Jacke hervor. Ich spüre den Abgrund in nächster Nähe, der Griff in Grasbüschel gibt mir ein wenig Sicherheit. Es kommt, wie es nach dem Blick auf den Nachbarpass kommen muss. Der Regen verwandelt sich in Schneeregen, dann in Schnee. Im Plan sind irgendwelche Ruinen und kleine Seen eingezeichnet, zumindest bin ich richtig. Der Pfad windet sich höher und höher, der nasse Rucksack scheint schwerer und schwerer zu werden. Im Schneetreiben erreiche ich den Pass. Plötzlich durchfährt es mich: Ich spüre meine Zehen nicht mehr! Ein Gefühl von Panik steigt auf, massiver von Sekunde zu Sekunde. Ich trete mit einem Schuh auf den andern, um eine Reaktion, einen Schmerzreflex zu provozieren – nichts. Beim Blick auf die Schuhe bemerke ich, dass sich an beiden fast die Sohle gelöst hat. Ersatzschuhe habe ich im Gepäckdepot in Cusco, wie konnte ich nur? Nun bücke ich mich und trommele mit den Händen auf die Schuhe und damit auf die Füße. Wieder nichts. Ich spüre definitiv nichts mehr und stoße einen Hilfeschrei in die Anden aus, der natürlich ungehört verklingt. Es gibt nur einen, der mir in dieser Situation helfen kann, das bin ich selber. Ich entscheide mich dazu, im Schnee mein Zelt aufzubauen, um im geschützten Innern meine Füße wiederzubeleben. Mit Steinen schlage ich die Heringe in den harten Boden. Manche der metallenen Pflöcke verbiegen sofort. Leider ist das Mietzelt, wie sich herausstellt, nicht nur undicht, auch die Länge der beiden Hauptstangen passt nicht zur Höhe des Zeltdaches. Hätte ich es nur kontrolliert! Ich beschränke mich darauf, eine Stange schief zu stellen, so dass wenigstens ein Miniraum entsteht, ziehe den nassen Rucksack hinein und Rettungsdecke und Schlafsack heraus. Der ist noch trocken, ich umwickele damit meine nackten Füße. Das ist doch alles nur ein böser Traum! Nie hätte ich gedacht, dass ich einmal vor einer solchen Situation stehen könnte. Die Füße machen keine Fortschritte. Ich knete sie, ich massiere sie und – es ist wie es ist – verrenke mich, um in die Zehen hineinzubeißen und jeden einzelnen in die Mundhöhle zu nehmen. Und tatsächlich: Die Zehen kommen ins Leben zurück! Irgendwann kann ich sie wieder bewegen, wieder steuern. Erst jetzt fällt mir ein, dass ich ein Sportgel dabei habe, gebe ihnen Zusatzmassagen. Ein Bach läuft durchs Zelt. Was nun? Ich schiebe den Zeltvorhang beiseite und blicke ins Schneetreiben, die Höhe dürfte um 4000 Meter liegen. Weiter unten kann es nicht mehr schneien, nur noch regnen, da bin ich mir sicher. Jeder Meter, den ich abwärts gehen werde, ist meine Rettung. Bleibe ich im Zelt sitzen, werde ich am Abend oder nächste Nacht erfrieren. Das kann ich meiner Familie nicht antun. Und mir selber nicht, dazu ist mir das Leben zu kostbar, dazu habe ich zuviel vor. Mein Schlafsack ist längst nass, wie alles. Es bleibt keine Wahl, ich muss weiter. Ich raffe das Zelt zusammen, lasse alle Heringe stecken. Sie sitzen einfach zu fest im Boden. Die Schuhe taugen nichts mehr, an beiden sind die durchweichten Nähte zwischen Oberschuh und Sohle nun ganz gerissen. Beim Abstieg versuche ich für kurze Zeit, sie mit Zeltschnüren zu umwickeln. Es hat keinen Zweck. Ich lasse die Schuhreste zurück, laufe in Socken weiter, doch die reißen bald. Also laufe ich barfuß durch die Anden, was ich als Bußübung für mein bisheriges und kommendes Leben bis zu dessen Ende erachte. Ja, ich will weiterleben! Kälte und

Steine schneiden in die Haut. Doch im Eiswasser spüre ich die Füße! Selten habe ich so gerne Schmerz empfunden.

Wie beim Weg hinauf auf den Pass, so geht nun beim Abstieg der Schnee in Schneeregen und letztlich wieder in Regen über. Die Sturzbäche, die ich durchwate, empfinde ich zunehmend als wärmer. Der Griff in die Jackentasche gerät zum Rückschlag. Ich muss die Karte verloren haben. Zum Glück ist mein Orientierungssinn nicht schlecht. Es geht nah am Abhang entlang, meine Fingernägel graben sich krampfhaft in den Dreck, um nicht in die Tiefe zu stürzen. Ich bewältige aufs Neue einen Pass, der längst nicht so hoch ist wie die ersten beiden. Auf einmal sehe ich eine Hütte, die verlassen ist. Aus Stroh versuche ich, ein Feuer am Eingang zu machen, doch die letzten Streichhölzer sind feucht. Eines kann ich letztlich an der Reibefläche entzünden, doch es reicht nur für ein Strohfeuer. Wäre nicht alles restlos nass, würde ich in der Hütte bleiben, doch es gibt nichts mehr, was mich wärmen könnte. Ich humpele weiter. Dann sehe ich eine weitere einsame Hütte – mit Leben! Ein zahnloser, alter Mann tritt heraus, neben ihm ein Hund und Hühner. Ich brauche Wasser, schöpfe aus seiner Regentonne und trinke. Er bittet mich hinein auf einen Kaffee, einen echten Kaffee! Nicht allzu warm, egal. Zum Dank schenke ich ihm meinen Restproviant, Möhren, eine Orange, einen Apfel. So sind wir beide glücklich. Er deutet hinab ins neblige Tal, drei Stunden Marsch seien es bis Aguas Calientes – doch wo ist Machu Picchu? Warum ich ihn nicht frage, ob ich bei ihm bleiben darf, weiß ich nicht. Alt und zahnlos bedeutet, dass er schon lange hier oben überlebt hat. Und wie kommt er überhaupt hierher und wieso hat er sogar einen Fernseher mit Generatorbetrieb? Oder ist alles eine Halluzination?

Ich ziehe weiter. Steilpassagen münden nun in regelrechte Abstürze, die ich zum Teil auf dem Hosenboden hinunterrutsche. Spätestens hier ist mir klar, dass dies nicht mehr der Inkapfad sein dürfte. Talwärts, das ist gut, egal wie, aber der Einbruch der Dämmerung ist nicht mehr fern. Die Vegetation nimmt zu, wird dichter. Ich schliddere in zwei, drei Meter tiefe Mulden, hangele mich an mehreren Stellen an einer Art Liane hinunter. Ein Stock dient mir als Stütze, um die Balance zu halten. Die Art Urwaldschneise will nicht enden, doch ich bin mir fast sicher: Sie ist von Menschenhand angelegt worden, wann auch immer. Als die Dunkelheit droht und der Talgrund noch lange nicht einsehbar ist, sehe ich vor mir ein einsames Haus – ein Gasthaus! Ich kann es nicht glauben. Im Moment meines Eintreffens tritt ein Mann vor die Tür. Seinem Erschrecken entnehme ich, dass ich einen jämmerlichen Anblick biete. Einen solch beklagenswerten, daherhumpelnden Barfußwanderer, auf einen Stab gestützt, dürfte er noch nie gesehen haben. Der Mann stellt sich als Wilfredo vor und hilft mir hinein. Das Haus sei recht neu, wir befinden uns sechs Kilometer von Machu Picchu entfernt, erfahre ich. Also bin ich doch zurück auf dem Inkapfad gelandet!? Wo genau ich bin, weiß ich trotzdem nicht, aber ich bin gerettet. Wilfredo richtet mein Zimmer, treibt irgendwo eine trockene Hose und einen Pulli auf. Ich bin der einzige Logiergast. Auf dem Zimmerboden breite ich den Inhalt meines Rucksacks aus und muss feststellen, dass meine große Kamera feucht geworden ist; die kleine Ersatzkamera in meiner Jacke hat es besser überstanden. Ich fotografiere das Mosaik aus nassen Kleidern, Zeltplanen, Wasserflasche, Messer, Hygieneartikeln. Die Dusche, ein heißer Tee und ein von Wilfredos Frau bereitetes Beefsteak mit Reis zum Abendessen, all das ist wie ein Traum. Bevor ich auf die Matratze falle, desinfiziere ich meine Wunden und zähle sie. Auf jeden Fuß entfallen samt Sohle etwa 25 Einschnitte und Kratzer.

Vierter Tag

Kompletter Ruhetag. Die Höhenluft setzt mir zu, ich japse, habe schwerste Halsschmerzen und leichtes Fieber, spüre erheblich den Brustkorb. Dass ich zudem kaum auftreten kann, ist klar. Jeder Schritt kommt einem Gang durch die Hölle gleich. Für die Nachwelt bitte ich Wilfredo, ein Foto von mir zu machen; die Aufnahme einer kreidebleichen, regelrecht eingefallenen Gestalt wird grauenhaft aussehen. Ich esse Omelettes, trinke Tee, sitze in Decken auf der Terrasse. Die Bergwelt im Sonnenlicht wirkt so, als sei nichts gewesen. In der Ferne sehe ich Schneekuppen. Ein Eimer dient mir dazu, ein Fußbad zu bereiten, um leichter den Dreck aus den Wunden zu holen.

Über Tag finden sich aus Richtung Machu Picchu ein paar Ausflügler ein. Auf meine Frage, ob zufällig jemand ein paar ausrangierte Schuhe zur Hand habe, bekomme ich mitleidiges Travellerlächeln zur Antwort. Doch Wilfredo weiß Rat! Irgendeine Frau habe kurz nach der Eröffnung des Gasthauses kaputte Bergschuhe bei ihm gelassen, erinnert er sich. Er findet sie tatsächlich und klebt sie zusammen. Größe 41, lese ich bei der Anprobe. Ich habe 44, kneife die Zehen zusammen, passt. Dass ich annehme, Wilfredo wolle aus der Notsituation Kapital schlagen und sie mir zu hohem Preis verkaufen, beschämt mich im Nachhinein zutiefst. „Ein Geschenk, Señor, ein Geschenk, ein Zeichen der Freundschaft“, sagt er. Ich werde es ihm nie vergessen.

Fünfter Tag

Nebel hängt in den Anden. All meine Habseligkeiten sind trocken. Brustkorb und Lungenbereiche schmerzen bedenklich, ich mache mir Sorgen und bereite den Abmarsch vor. In Machu Picchu im Hotel gebe es einen Arzt, sagt Wilfredo, danach solle ich mich im Tal in Aguas Calientes weiter auskurieren. Wir geben uns zum Abschied fest, sehr fest die Hand. Der Pfad verläuft recht gerade, das Schuhwerk drückt auf die Wunden. Einige Wanderer kommen entgegen. Ich erreiche Mauern und einen Aussichtspunkt, doch der Nebel gibt den ersehnten Blick auf Machu Picchu nicht frei. Stattdessen vernehme ich einen deutschen Gesprächsfetzen:

„Weißt du, was Innere Medizin auf Holländisch heißt?“

Ist hier vielleicht ein deutscher Arzt in der Nähe? Sollte ich ein solches Glück haben? Mehrere gut gekleidete Leute stehen herum. Ich frage, ob einer von ihnen Arzt sei. Der Zufall will, dass gleich mehrere vor mir stehen. Oder gibt es keine Zufälle im Leben, sondern nur Bestimmungen? Ich bitte um medizinischen Rat, schildere in aller Kürze meine wirre Story vom Inkapfad und die Schmerzen in Brust und Lunge. Professor Heribert Frotz aus Bergisch-

Gladbach, Professor R. Arnold aus Marburg und dessen Frau nehmen sich meiner geradezu rührend an und versprechen Hilfe, unten im Hotel. Ich bin den Freudentränen nahe, sehr nahe. Gemeinsam gehen wir abwärts, in den Nebel hinein und auf Machu Picchu zu. Gespenstisch.

„Da unten liegt es!“, ruft auf einmal Professor Frotz, der die Vorhut übernommen hat.

Tatsächlich. Als hätte jemand den Nebelvorhang zur Seite geschoben, blicken wir wie gebannt auf die „verlorene Stadt der Inka“. Dann verschwindet sie aufs Neue im Dunst.

Nachklang

Sicher, ich habe Machu Picchu nie vergessen, die grandiose Ruinenanlage später intensiv erkundet und bin wiedergekehrt, allerdings ohne Tour auf dem Inkapfad. Ebenso wenig vergessen habe ich diese kleinen, auf Reisen so großen Gesten und Hilfen. Die Schuhe von Wilfredo, auch wenn es nicht seine eigenen waren. Ein von Professor Frotz in Machu Picchu spendiertes Hotelessen für einen wie mich, der ziemlich abgerissen ausgesehen haben muss. Und Antibiotika, Vitamintabletten, Seife, Aspirin und frische Socken von den Eheleuten Arnold.

RÄTSEL IM WÜSTENBODEN

Es sind Scharrbilderteppiche, die sich wie riesige Schnittmusterbögen über die Wüstenstriche im südlichen Peru verteilen: Linien, Spiralen, Tierdarstellungen. Die geheimnisvollen Zeugnisse der Hochkultur von Nazca zählen zum Welterbe der UNESCO. Den idealen Überblick verschafft ein Rundflug. So kann man sich besser seine eigene Meinung zu Theorien um Kultzeichen, Prozessionswege und Aliens bilden.

„Die Menschen jener Kultur waren intelligent genug, um die Werke selber zu fertigen. Dazu bedurfte es nicht dem Einwirken fremder Wesen."

Nazca-Forscherin Maria Reiche (1903–1998)

Menschenleere, baumlose Weiten. Hitze, stechendes Licht, Schotter, Staub. Plötzlich, mittendrin im vermeintlichen Nichts, breiten sich Megabilder aus, Geoglyphen, hineingescharrt in den Wüstenboden: ein Kondor, ein Hund, eine Spinne, dazu schnurgerade, kilometerlange Linien und geometrische Riesengebilde in Spiral-, Trapez- und Dreiecksformen. Unter der sengenden Sonne Südperus liegen die Motive über eine Fläche von mehreren hundert Quadratkilometern bei Nazca und Palpa verstreut. Kunstwerke im Steingrund der Wüste, das Vermächtnis der präkolumbischen Zivilisation von Nazca (Schreibweise auch: Nasca), die ihre Hauptentwicklungsstränge zwischen 200 v. Chr. und 600/650 n. Chr. erlebt haben soll; gegebenenfalls reicht manches sogar bis zur Vorgängerkultur Paracas zurück. „Geoglifos“ und „Líneas de Nazca“ nennt man sie auf Spanisch, jene Scharrbilder und Linien, die einzig aus der Luft in ihrer Perfektion und Komplexität erkennbar sind. Zeit fürs Boarding …

Der Motor röhrt, es ruckelt. Die Propellermaschine hebt ab. Richtig wohl ist mir nicht, doch Nazca ohne Rundflug nur eine halbe Sache. Da die Kopfhöreranlage heute ihren Dienst versagt hat und der Lärm an Bord ohrenbetäubend ist, hilft der Pilot uns Passagieren im Wesentlichen mit Fingerzeigen und lauten Kurzschreien, um die Versatzstücke des weit auseinander gerissenen Bilderteppichs auszumachen. Tief unter uns verharrt ein gigantischer Affe mit Ringelschwanz. Ein Kolibri mit röhrenförmigem Schnabel bringt es auf eine Spannweite von geschätzten 60 Metern, die Symmetrie von Körper und Flügeln ist einfach grandios. Ein statisch verharrender Mann mit überproportionierten Augen tritt deutlich hervor, „Astronaut“ wird er genannt. Linien finden an sogenannten Linienzentren zusammen. Unser Flugzeugschatten zuckt über den schrundigen Grund, die Faszination verdrängt zum Glück die Übelkeit. Der Pilot hat Spaß an seinem Job, fliegt seine Einmotorige Schleife um Schleife. Mein Magen wälzt sich von links nach rechts und zurück. Es schaukelt erheblich.

Die eingefurchten Bilder und Linien, die sich aus den braun bis beigegelben Erdtönen abheben und sich dank des knochentrockenen Klimas eineinhalb Jahrtausende und länger haben erhalten können, sind allenfalls eine Handspanne tief. Die Abtragung selber erwies sich als nicht besonders schwierig. Unter der oberen dunklen Schicht trat in einer anderen Farbnuance das hellere Sedimentgestein hervor, so dass Kontraste, Bilder und Linien rasch zu erkennen waren. Was aber hatten die Wüstenkünstler, die in den Flussoasen gelebt haben müssen, im Sinn? Welche Hilfsmittel standen zur Verfügung? Wie vermochten sie in den Flachstücken überhaupt den Fortgang der Arbeiten zu überwachen? Aus der Luft mit einer Art prähistorischen Fesselballonen vielleicht oder von riesigen Pfählen aus? Und für wen und mit welcher Botschaft waren die Motive bestimmt? Fragen über Fragen – und keine einheitlichen Antworten. Es gibt weder Dokumente noch Überlieferungen, die helfen könnten, dem Mysterium näherzukommen. Die Bilder und Linien von Nazca bewahren eines der größten Rätsel in Südamerika und haben die unterschiedlichsten Thesen hervorgebracht. Fest steht, dass die kommerzielle Luftfahrt ab dem ersten Drittel des 20. Jahrhunderts Bewegung in die Sache bringt. Die Sichtungen der merkwürdigen Gebilde sprechen sich herum, lassen einen Forscher wie den nordamerikanischen Anthropologen und Archäologen Paul Kosok zu Feldstudien anrücken; für Kosok ist das dortige Areal „das größte Astronomiebuch der Welt“. Allmählich setzt eine systematischere Erforschung der Riesenfiguren und Linien ein. Dabei sticht die Deutsche Maria Reiche hervor, die 1932 nach Peru gekommen ist, um zunächst eine Arbeit als Hauslehrerin beim deutschen Konsul in Cusco aufzunehmen. Auf Anregung von Paul Kosok startet sie 1946 ihre eigentlichen Erkundungs- und Vermessungsarbeiten in der Steinwüste. Über ihre Anfänge gibt der deutsche Verein „Dr. Maria Reiche – Linien und Figuren der Nasca-Kultur in Peru" Aufschluss, der sich für den Erhalt dieses kulturellen Erbes in den Zeiten von Luftverschmutzung, Klimaveränderungen und vermehrtem Tourismus einsetzt: „Mitten in der Nacht – lange bevor die Sonne aufgeht, beginnt Marias Arbeitstag. Auf den Ladeflächen von Lastwagen trampt sie nun jeden Morgen von der Stadt Nazca in die Wüste. Schon in den ersten Tagen im Juni 1946 findet sie zwischen den Linien die stilisierte Zeichnung einer Spinne." Diese allerdings ist nur schwer zu erkennen, der Wind hat im Laufe der Zeiten eine dünne Schicht aus Sand, Staub und Steinchen darüber geweht. Nach und nach entdeckt Maria Reiche immer mehr Figuren, vermisst fast 1000 Linien auf ihre astronomische Ausrichtung hin. Um die zeitaufwändige Anfahrt aus Nazca zu sparen, zieht sie in eine simple Hütte ohne Wasser und Strom am Rand der Wüste. Sextant, Kompass und Maßband werden ihr zu treuen Begleitern. Die von Idealismus beseelten Forschungen zu Nazca geraten der aus Dresden stammenden Lehrerin, die ihre Prüfungen sowohl in Mathematik und Geografie als auch Physik und Philosophie abgelegt hat, über Jahrzehnte zur Herzensangelegenheit, zum Lebenswerk. Sie veröffentlicht das Buch „Geheimnis der Wüste", ihr werden mehrfach Ehrendoktorwürden verliehen, dazu das Bundesverdienstkreuz und die höchsten Auszeichnungen ihrer Wahlheimat Peru. Anfangs mögen Locals über die Frau geschmunzelt haben, die mit dem Besen ein wenig die Wüste kehrte, doch als die Bedeutung der Zeugnisse klarer wird und Besucher anrücken, wird sie „bald wie eine Heilige verehrt", wie es seitens des Maria-Reiche-Vereins heißt. Ihrem Einsatz ist es überdies zu verdanken, dass Mitte der 1950er-Jahre ein Bewässerungsprojekt in der Wüste ausbleibt. Es hätte zu irreparablen Schäden geführt.

1986, bei meiner ersten Reise nach Peru und ein knappes Jahrzehnt vor der Erhebung der Linien zum Weltkulturerbe, hatte ich das Glück, an einem ihrer legendären Vorträge teilzunehmen, die Maria Reiche noch als Hochbetagte abends in einem Stadthotel von Nazca hielt. Voraussetzung war, dass sich genügend Interessenten einfanden. Gebrechlich saß sie in Begleitung ihrer Schwester vor einer kleinen Zuhörerschaft, redete mal auf Englisch, mal auf Deutsch, spulte ein wenig monoton, aber dennoch beeindruckend ihr Pensum ab. Dabei notierte ich mir die eingangs zitierten Ausführungen, dass die Menschen jener Kultur intelligent genug waren, um die Werke selber zu fertigen und fremde Wesen damit nichts zu tun hatten. Dies war als deutlicher Seitenhieb an die Adresse von Fantasten wie dem Bestsellerautor Erich von Däniken gedacht, der seine Ideen zu Nazca medienwirksam an Landeplätze für Außerirdische knüpfte. Obwohl, Hand aufs Herz – wie Landebahnen wirken viele Stellen tatsächlich …

Seriöse Theorien zu Nazca weisen die unterschiedlich langen wie breiten Linien als Prozessionsstraßen für rituelle Großevents aus. Dafür würden auch Ausgrabungsfunde in Form von Opfergaben und Reste von Altären an den Eckpunkten der Bodenzeichnungen sprechen. Oder steckten hinter dem Ganzen vielleicht doch eher ausgeklügelte astronomische Hilfen bei der Berechnung des Sonnenjahres und der landwirtschaftlichen Anbauzyklen? Oder dienten die Linien dazu, unterirdische Wasserreservoirs zu markieren? Oder waren die Kunstwerke im Wüstengrund so etwas wie Abbilder einer Himmelskarte mit Sternbildern und verschiedensten Konstellationen? Oder waren die Scharrbilder Kultzeichen, die die Menschen an die Götter richteten mit den Bitten um fruchtbare Ernten? Oder von allem etwas? Der Mythos Nazca lebt weiter. Ein offenes Bilderbuch, dessen Geheimnis vielleicht für immer ungelöst bleibt.

TITICACASEE – SCHWIMMENDE INSELN UND EIN WELLENRITT AUF MESSERS SCHNEIDE

Der Lago Titicaca zieht wie magisch in seinen Bann. Südamerikas größter Hochlandsee nimmt eine Fläche von 8300 Quadratkilometern ein, was in etwa der fünfzehnfachen Größe des Bodensees entspricht. Tiefblau verästeln sich die Weiten des eisigen Riesengewässers, auf dem ich von Peru aus zwei Bootstouren starte. Eine führt zu den Uros auf ihre Schilfinseln, eine andere geht um Haaresbreite tragisch aus.

„Ganz langsam färbt sich der Himmel gelb, orange, rot, violett. Und dann ist plötzlich die Sonne weg, und wir frieren erbärmlich. Der Titicacasee liegt auf 3800 Meter Höhe.“

Journalistin Jutta Ulmer, Reisereportage, 2015

Wie man hier einsinkt! Und wie alles schaukelt! Jede Bewegung gerät automatisch zum Hin- und Herwippen. Einfach unglaublich. Landläufiges Gehen oder gar Laufen ist auf den schwimmenden Schilfinseln der Uros unmöglich, jeder Schritt eine Erfahrung für sich und an die Aussicht gekoppelt, an einer weniger präparierten Stelle vielleicht in der Tiefe zu verschwinden. Eine Erfahrung, die niemandem gegönnt sei. Die Eistemperatur des zwischen Peru und Bolivien geteilten Titicacasees eignet sich eigentlich nicht einmal für Fußkontakte.

Auf peruanischer Seeseite starten in der wenig erbaulichen Durchgangsstadt Puno Bootsausflüge zu den Schilfinseln der Ureinwohner, die für ihre künstlichen Eilande und die darauf stehenden Hütten immer wieder Nachschub an Totora-Schilf schneiden. Traditionsgemäß fertigen die Uros (auch: Urus) überdies ihre Fischerboote aus Schilf. Ein Schilfinselbesuch ist im Grunde ein Traveller-Muss und zugleich ein Erleben, das irgendwo zwischen routinierten Abläufen, Kommerz und mehr oder minder authentischen Einblicken in die „Ursprünglichkeit" der Indios anzusiedeln ist. Spätestens, wenn Uro-Kinder in zerrissenen Leibchen für die Fremden zu singen anfangen, darf man das als aufgesetzt und allzu touristisch empfinden. Andererseits ist es interessant, die Hüttenkonstrukte an sich zu sehen, die Lebensbedingungen, die Kochstellen, den trocknenden Fisch in der Sonne, die neuesten Errungenschaften der Zivilisation in Form von Fernsehern und Generatoren, die ihren Weg auf die Inseln gefunden haben. Ausreden kann und will ich den Trip niemandem, dennoch wirkt das Ganze irgendwie peinlich und unangenehm, obgleich beide Seiten wissen, was sie erwarten. Es ist schlichtweg der Zusammenprall zweier Welten. Die einen – die Uros – üben sich in Souvenirverkäufen an die Besucher und haben sich hinlänglich daran gewöhnt, Attraktion zu sein und während der Kurzaufenthalte der Gäste Einblicke in ihr Leben zu gewähren.

Die anderen – die Touristen, bei denen ich mich selbstverständlich miteinschließe – stapfen auf dem unfesten Inselboden herum, üben sich in einer spezifischen Art Voyeurismus und suchen die besten, unverfälschtesten Fotomotive. Was wunderschön sein kann mit Schilfspiegelungen auf dem See. Auf zwischenmenschlicher Ebene hingegen stelle man sich den umgekehrten Fall der Konstellation vor: Indios fallen im Rahmen einer organisierten Tour bei uns zuhause ein, werfen einen Blick ins Wohnzimmer und ins Klo, streifen über die Terrasse, inspizieren die Grünpflanzen und die aufgeleinte Wäsche und lichten uns gegen Bakschisch ab, während wir typische Andenken feilbieten. Kuckucksuhren zum Beispiel. Oder selbstbemalte germanische Gartenzwerge, die man mit entblößtem Hinterteil zum Nachbarn hin platziert. Sei's drum. Inwieweit tiefere Gespräche möglich sind und freundliche Bande zwischen Besuchern und Besuchten aufkommen, wird jeder selber sehen. Eine authentischere Möglichkeit des Kennenlernens ist sicher ein Homestay. Wer übernachtet, möge an einen möglichst dicken Schlafsack denken. Temperaturen unter dem Gefrierpunkt sind keine Seltenheit. Kein Wunder bei dieser Höhe und der umliegenden Bergwelt.

Ob mit oder ohne Kommerz, fest steht: Die Uros führen ein hartes, einfaches Leben. Was auch für jene Seebewohner gilt, die nicht auf schwimmenden, sondern festen Inseln im Lago Titicaca leben. Ein zweiter, längerer Bootstrip führt mich ab Puno nach Taquile (auch: Takile). Der Tag beginnt traumhaft. Keine Wolke am Himmel. Wie ein Binnenmeer breitet sich der See in einem klaren, stechenden Blau aus. Bilder des Friedens in der Morgensonne. Das Linienboot nach Taquile ist vollbeladen mit Menschenfracht. Puno, die schwimmenden Inseln und die Schilfgewächse verschwimmen im Rücken. Die Fahrt dauert etwa drei Stunden, die Sonne brennt. Taquile hebt sich deutlich aus den Seeweiten ab, ist bekannt für ihr Kuriosum der strickenden Inselmänner. Ich begnüge mich mit ein paar Stunden Aufenthalt, dann schippert das Boot zurück. Der Streifzug führt mich zu kleinen Feldbauparzellen, die nach mühsamer Bewirtschaftung verlangen. Die Relikte aus präspanischer Epoche auf Taquile sind spärlich. Ob das Leben vor Jahrhunderten, zu inkaischen Zeiten, hier grundlegend anders war? Während meine Blicke über den See bis zu eisgekrönten Bergen im Hintergrund wandern, verfangen sich die Gedanken in alten Geschichten. Laut der Ursprungslegende der Inka ließ Sonnengott Inti seine Kinder Manco Capac und Mama Ocllo aus dem Titicacasee steigen und gab ihnen einen Goldstab mit. Dort, wo sich dieser mit einem einzigen Stoß in der Erde versenken ließ, sollten sie sich niederlassen. Nach langer Wanderschaft glückte den Geschwistern das Vorhaben im Bergbecken von Cusco, dem späteren Stammsitz der Sonnenfürsten. Eine andere Überlieferung bringt einen Goldschatz ins Spiel, den die Inka im Titicacasee versenkten, damit er nicht den Konquistadoren in die Hände fiele. Bis heute hat ihn niemand gehoben. Oder zumindest nicht darüber gesprochen.

Nach dem Abstieg von den Höhen nehme ich für ein Foto ein Dreißigsekundenbad im See und friere mich für kurze Zeit halbtot. In Puno hätte ich nicht einmal für eine

Wette ein Bad genommen – das Wasser war sichtbar verschmutzt. Bei der Bootsabfahrt ab Taquile am frühen Nachmittag liegt der See spiegelglatt da. An Bord befinden sich etwa zehn Passagiere. Als wir voraus eine Schlechtwetterzone aufziehen sehen, weist uns die zweiköpfige Indiobesatzung an, durch die Tür an Heck in dem kleinen Innenraum Platz zu nehmen. Zunächst passiert nichts, doch plötzlich, wie aus dem Nichts, kommt ein Sturm auf, wie ich ihn auf See und in einer Nussschale dieser Größe nie mehr erleben möchte. Die Wellen nehmen schlagartig zu und krachen nicht nur wütend gegen Bug und Seiten, sondern gleich über das gesamte Boot hinweg. Im Innern läuft das Wasser an den Wänden herunter, wir halten uns krampfhaft fest. Dann fällt der Motor aus. Das Schiff, unzweifelhaft ein älteres Baujahr, hebt und senkt sich und schwankt bedrohlich. Es gerät mehrmals in Schieflage. Wenn selbst besonnene Indios, wie unsere Minicrew, in Panik geraten, ist das kein gutes Zeichen. „Das ist der berüchtigte Titicacasee-Sturm!", ruft irgendwer auf Englisch. Schön zu wissen. Dass die Seestürme in der Lage sind, selbst Behausungen der Uros wegzufegen, weiß ich zu diesem Zeitpunkt nicht. Ein Peruaner bekreuzigt sich und stimmt auf Spanisch leise einen geistlichen Bittgesang an. Wen genau er um Beistand bittet, kann ich wegen der Nebengeräusche nicht hören. Ein brutaler Brecher folgt auf den nächsten. Es knackst und klatscht und knackt im Holz. Boot und Besatzung wehren sich gegen ihr Schicksal. Während ich mich mit der einen Hand irgendwo festklammere, versuche ich mit der anderen, rasch mein Geld und meinen Pass in Plastik zu verpacken, die Jacke auszuziehen und für das Äußerste gewappnet zu sein. Das Boot droht jeden Augenblick zu kentern. Es ist ein Wellenritt auf Messers Schneide. Ich bezweifle, dass der Lago Titicaca mit einer Seenotrettungsstation ausstaffiert ist und merke im selben Moment, wie sehr ich zittere. Die Temperaturen des Sees lassen kaum Überlebenschancen für länger, glaube ich spätestens seit meinem Bad zu wissen. Ganz abgesehen davon, dass die Kontaminationswerte erheblich sind. Nicht, dass mir beim Überlebenskampf im Wasser ein Würstchen in den Mund treibt und zum Tod durch Ersticken führt. Wie leicht können Boote bersten, wo sind hier Rettungswesten, wie weit sind wir überhaupt vom Ufer entfernt? Der Innenraum hat keine Fenster. Durch die Zugangstür ist nichts zu erkennen, nur eine verschwommene Masse aus wilden Wassern, die nun durch die Tür hineinschwappen. „Jetzt erwischt es uns, jetzt passiert es", denke ich, als wir erneut unbarmherzig hin- und hergeschleudert werden. Doch es passiert nicht. Minuten später geht der Motor an, das gibt Hoffnung. Das Boot fängt sich, dann setzt der Motor wieder aus. Der peruanische Mitreisende steigert die Intensität seines Bittgesangs. Vielleicht springt deswegen der Motor aufs Neue an, vielleicht hört deshalb der Sturm genauso schnell auf, wie er gekommen ist. In Puno gehe ich mit immer noch weichen Knien an Land. Der Titicacasee liegt wieder so glatt da, als sei nichts gewesen.

IM SILBERBERG VON POTOSÍ

Zu spanischer Kolonialzeit zählte das im Südteil Boliviens auf einer Höhe von etwa 4000 Metern gelegene Potosí zu den reichsten Städten in Südamerika. Im Innern des legendären „Silberbergs", dem Cerro Rico, schinden sich Indios wie vor einigen hundert Jahren. Ein Besuch ist beschämend und dennoch eine wichtige Lektion.

„Ihr werdet sie manche Male sehen, dem Vieh auf vier Beinen gehend gleich, mit der Last auf ihren Schultern, und andere, die sich wie Würmer voranziehen."

Bartolomé Arzáns de Orsúa y Vela (1674–1736), Chronist, über die unmenschliche Arbeit der Indios in den Minen von Potosí

„Bringt den Bergmännern Zigaretten und Koka als Geschenke mit", sagt unser Guide Ricardo und deutet auf Straßenstände mit Säcken voll Kokablätter, handgedrehten Glimmstängeln, Dynamitstangen und Klumpen, die grauen Kieseln ähnlich sehen. „Geschmacksverstärker aus gepresster Asche, die man mit Koka langsam im Mund aussaugt", erläutert Ricardo. Willkommen seien auch Cola und Wasser, ergänzt er. Täglich führt der junge Historiker

Besucher über den Vorortmarkt der Mineros, danach an die Abhänge des Cerro Rico heran und mitten hinein in die schmalen Stollen. Reines Silber finden die Bergleute längst nicht mehr. Die aufoktroyierte Kolonialmacht Spanien schöpfte die wahren Reichtümer seinerzeit ab, verschiffte sie flottenweise nach Europa, steckte sie in zivile und kirchliche Prachtbauten, stotterte Schulden ab und verpulverte sie in Kriegen.

Mächtig erhebt sich der Cerro Rico über der bolivianischen Andenstadt. In der glasklaren Höhenluft schaue ich durch die Gassenschneisen und über die Häuserdächer hinweg auf den 4800-Meter-Riesen: ein karger, konischer Kegel in Braun- und Rostrotfacetten, zerfurcht von hellen Gesteinsadern. Was wohl passiert wäre, wenn der Schäfer Huallpa niemals ein Lama im Gebirge verloren, an den Hängen des Berges übernachtet, ein Lagerfeuer entzündet und am nächsten Morgen geschmolzenes Silber rund um die Feuerstelle entdeckt hätte? So aber drang die Kunde von Huallpas „Silberwunder" ans Ohr der Spanier. Im Jahre 1545 waren sie zur Stelle, gründeten Potosí und gaben dem Sumaj Orcko einen neuen Namen: Cerro Rico, was „reicher Berg" bedeutete. Damit war sein Schicksal vorbestimmt. In ihrem verblendeten Wahn begannen die Kolonialherrscher, den Cerro Rico mit Tausenden Stollen und Schächten durchlöchern zu lassen. Bergriese und Urbevölkerung bluteten allmählich aus, während Potosí samt seiner Münzprägeanstalt, der Casa de la Moneda, boomartig zur größten und wohlhabendsten Metropole ihrer Epoche aufstieg. Bereits um 1560 lebten hier 60 000, in den Jahren um 1640 sogar über 150 000 Menschen –

immense Zahlen für jene Zeit. Über eigens angelegte Transportwege kam der Nachschub an Nahrung aus den fruchtbaren Tälern, während das Silber über die Hochlandrouten an die Seehäfen abfloss. Heute ist Potosí Weltkulturerbe und bitterarm wie das übrige Bolivien.

„Jeder Peso, der in Potosí geprägt wird, kostet zehn tote Indios in den Kavernen der Minen", schrieb einmal ein Chronist. Bis zum Ende der Kolonialära im 19. Jahrhundert könnten, so besagen es Schätzungen, insgesamt acht Millionen Indios in den Tod getrieben worden sein. Für sie war der Cerro Rico das Tor zur Hölle.

Ein dunkles Loch schluckt uns. Es ist stickig. In der dünnen Luft hängen Staub und Schwefelgestank. Ricardo hat uns mit Stiefeln, Helmen, Schutzjacken und Lampen ausstaffiert. Im zuckenden Schein der Handlämpchen folgen wir ihm auf Schritt und Tritt, schweren Atems, immer an den Lorengleisen entlang, tief hinein ins Erdreich. Ich schätze den Schlund auf zwei Meter Breite und zwei Meter Höhe, sehe an Wänden und Decken die Luftrohre und hölzernen Stützbalken. Unter den Absätzen schmatzt der Schlamm. In einer Felsnische blicken wir in zwei starre, weit aufgerissene Augen und weichen erschrocken zurück. Sogleich erschallt das dumpfe Lachen unseres Begleiters, der uns den Tío de la mina vorstellt, den „Minenkerl", den symbolischen Beschützer des Stollens. Die armlange Stoffpuppe ist übersät mit Kokablättern. Allmorgendlich bringt jeder Arbeiter ein kleines Opfer dar, um den Tío gütig zu stimmen. „Legt ihm auch ein paar Blätter hin", fordert uns der Guide auf. Nun ja, schaden kann es nicht.

„Achtung, auf Seite!", höre ich plötzlich einen Warnschrei Ricardos. Es rüttelt und rumpelt im Stollen. Drei Lichter lösen sich aus der Finsternis, kommen nah und näher. Dann die Schemen einer Lore, drei keuchende menschliche Schatten und ein Luftzug. Der Boden vibriert, der metallene Lärm ist immens.

In den Minen von Potosí ist alles Knochenarbeit geblieben. Über Seilwinden ziehen die Bergmänner Körbe voller Gestein aus den Schächten in den Hauptstollen, stemmen sie auf Schulterhöhe, entleeren sie in die Loren, schaufeln Brocken hinzu, rollen die Schienenwagen hinaus ins Freie, saugen kurz Frischluft hoch über dem Kessel von Potosí ein, kippen ab und eilen zurück. Im Tiefinnersten arbeitet, im Staub kaum zu sehen, das Bohrteam. Vor ihre Gesichter haben die Männer feuchte Lappen gebunden. Masken gibt es nicht, auch keinen Hörschutz gegen den unerträglichen Lärm. „Viele werden keine Vierzig", sagt Ricardo.

Von der vormals reichsten Silbermine der Welt ist einzig ein Abglanz geblieben. Zinn, dazu bestenfalls ein paar Silberreste, Brosamen im Vergleich zu einst. Trotzdem gehen viele Bergmänner unermüdlich zu Werke. Sie schuften in Kooperativen oder auf eigene Faust und hoffen irgendwie auf ein neues Silberwunder, das niemals kommt. An der Minenarbeit verdienen die Trenn- und Purifizierungsfirmen kräftig mit. Nutznießer sind nicht zuletzt touristische Agenturen, die Stollentouren arrangieren und mit Slogans locken wie: „In der Mine sehen Sie Bergleute wie zur Kolonialzeit." Das Schlimme daran: Es stimmt. Die Arbeit ist einfach inhuman.

Bescheiden und dankbar nehmen die Arbeiter unsere Zigaretten- und Kokapräsente an. Damit betäuben sie

Hunger und Höhenbeschwerden. Der Guide stellt uns einen jungen Mann vor, der sich gerade eine neue Ladung Koka in den Mund schiebt. Unter der gespannten Wangenhaut verbirgt sich bereits ein riesiger Pfropfen aus ausgesaugten Blättern. Gerade achtzehn ist er, schuftet seit zwei Jahren in den Stollen und Schächten, genau wie sein Vater. „Wir haben nur die Mine", sagt er mir und schaut betrübt zur Seite.

In ganz Lateinamerika steht der Cerro Rico als Symbol für Knechtschaft, Barbarei und Ausbeutung. Und damit für eines der düstersten Kapitel, das eine Kolonialherrschaft je mit sich gebracht hat. Eine Statistik über den kolonialen Raub der Reichtümer existiert nicht. Stattdessen gibt es eine Redensart. All das Silber aus Potosí, so sagt man, hätte ausgereicht für den Bau einer Brücke: einer Brücke hinüber nach Spanien. Und das historische spanische Sprichwort „Vale un potosí" greift den Stadtnamen auf, wobei die wortwörtliche Übersetzung „Das ist einen Potosí wert" keinen Sinn machen würde. „Vale un potosí" drückt einfach aus: „Das ist ein Vermögen wert."

Der Einblick in den Cerro Rico ist ein zweischneidiges Schwert, brennt sich nachhaltig ins Gedächtnis und wirft zwangsläufig Fragen auf, die ich zur Diskussion stellen mag. Ist es nicht unangebracht, als Auswärtiger derartig an Leid und Elend anderer teilzuhaben? Wo verläuft bei derartigen Begegnungen die Grenze zwischen Entwürdigung und Normalität? Degradieren sich die Indios bei der Entgegennahme von kleinen Geschenken nicht zusätzlich zu Almosenempfängern? Oder ist ein Besuch nicht umso wichtiger, um all dies weiterzuerzählen und der internationalen Staatengemeinschaft vor Augen zu halten, wie notwendig andauernde Hilfen für Bolivien und seine Bewohner sind? Eine abschließende Antwort auf die Fragen kann ich mir selber nicht geben. Ich weiß nur, dass mich im Innern des Berges unwohl gefühlt habe, was weder an der Höhenluft noch an der klaustrophobischen Enge lag. Empfunden habe ich einerseits größte Scham und zum andern höchsten Respekt vor den Menschen, ihrer Würde, ihrer der Not geschuldeten Opferbereitschaft, sich und ihre Familien mit der menschenunwürdigen Arbeit im Cerro Rico irgendwie durchs Leben zu bringen.

IM ZUG VON ARICA NACH LA PAZ

Achtung: Diese Reportage ist ein historisches Dokument. Die durchgehenden Zugfahrten von Chiles nördlichster Küstenwüstenstadt Arica hinauf in die Anden ins bolivianische La Paz wurden zwischenzeitlich aus-, wieder ein- und aufs Neue ausgesetzt. Fortsetzung: offen.

„Gemäß dem Friedens- und Freundschaftsvertrag von 1904 sollte die Bahnstrecke vom Hafen von Arica nach La Paz, Bolivien, als Transportmittel dienen, um die erzwungene Lage, vom Meer abgeschlossen zu sein, zu lindern.“

Nach einer Mitteilung des bolivianischen Außenministeriums, 2013

Geier flattern vom Schienenstrang auf, aufgeschreckt von der krächzenden Hupe des Schmalspurbähnchens. Langsam rollt das Gefährt in den Bahnhof Aricas, eine Stunde später startet unsere Hochtour in die Anden. Über 4000 Meter hinauf, rund 450 Kilometer, zwölf Stunden Fahrt. An Bord sind knapp 40 Passagiere, dazu der Lokführer, der Kellner, der Koch.

Arica liegt einsam auf weiter Flur in Chiles Norden, begrenzt von Pazifik und Wüste. Warum sich über den unwirtlichen Großraum über 200 000 Menschen verteilen, erklären die Industriegebiete und der strategisch günstig gelegene Hafen. Als im 19. Jahrhundert der Pazifikkrieg um die nahen Salpetervorkommen tobte, gehörte Arica noch zu Peru – bis die Chilenen an einem Junitag des Jahres 1880 den als uneinnehmbar geltenden Festungshügel El Morro in weniger als einer Stunde erstürmten und die sogenannte „Stadt des ewigen Frühlings", Ciudad de la eterna primavera, ebenso gewaltsam in ihr Territorium eingliederten wie den Küstenstreifen Boliviens. Den knapp 200 Meter hohen El Morro haben wir gestern erklommen und die Aussicht über Hafen und Häusermeer schweifen lassen, sind zu Stränden gefahren, haben in der Unterstadt das historische Zollhaus und die neogotische Kirche San Marcos besucht, deren Eisenstützwerk aus den Werkstätten von Gustave Eiffel aus Paris stammt. Die Wüsten- und Bergbahn, die uns nun erwartet, ist ein anderes Kaliber.

Die Morgensonne drückt aufs Bahnhofsdach. Auf dem Weg zum Zug kommt niemand an Kartenkontrolle und Kofferwaage vorbei, Höchstgewicht sind 25 Kilo. Zwei kräftige Helfer verschnüren die Gepäckstücke unter Plastikplanen auf dem Dachgestell, Bordkellner Eduardo nebelt den Abteilwagen mit Raumspray ein. Lavendelduft am Wüstenrand. Derweil harrt auf den Bänkchen im Bahnhof eine bunte Reisegesellschaft aus Franzosen, Deutschen, Chilenen und Nordamerikanern im Schatten aus. Als eine der wenigen kennt Laura, Chilenin mit Tanten und Cousins in La Paz, die zähe, zehrende Strecke. Zum dritten Mal steuert sie Bolivien im Zug an, sagt sie mir, heute erstmals zusammen mit Mann und Söhnchen.

Das Zughorn heult auf, der Dieselmotor röhrt, eine schwarzgraue Wolke verpufft. Abfahrt. Alle haben ihre vorbestimmten Plätze: wir Passagiere ihre samtig-weichen Sitze mit Nummern, der Lokführer seinen federnden Kunstlederstuhl. Nur der Koch steht in der Küche gegenüber der Toilettentür, eine Konstellation, die plastisch vor Augen hält, wie nah sich Nahrungszubereitung und Nahrungsabgabe sind. Bordsteward Eduardo, sorgsam gescheitelt, weißes Hemd und schwarze Fliege, wirbelt von einem Ort zum andern. Ein Multitalent, nicht nur am Düsenknopf der Raumspraydose, auch beim Balanceakt von Tellern und Tassen aus Steingut, die er jetzt, am Stadtrand von Arica, auf die Metalltabletts vor den Sitzen auftischt. Frühstückszeit. Kuchen mit Milchkaffee. Bei jedem schwappt die geschmacksneutrale, bleiche Brühe über den Becherrand. Die Zuckerdose wandert von Reihe zu Reihe. Eduardo müht sich um Nachschank aus der zerbeulten Blechkanne.

Während die Tassen auf den Untertellern zittern und der heiße Wind die Stoffgardinchen hinter den offenen Schiebefenstern bläht, zieht die Landschaft wie auf einer Großleinwand vorbei: das grüne Tal des Río Lluta mit kanaldurchzogenen Feldern und darüber, wie mit feinem Messerschnitt abgesetzt, Wüste pur. Zwischen Küstenkordillere und Anden stauen sich abflusslose Becken. Kandelaberkakteen ragen aus den Geröllhängen, in der Landschaft dominieren Braun-, Ocker- und Elfenbeintöne. Bald zieht sich die Strecke schnurgerade durch die steindurchsetzte Öde der Pampa Colorada mit ihren kargen Buckeln. Der Lokführer weiß, was kommt. Angesichts der gewaltigen Abhänge in der Ferne dreht er die Maschinen noch einmal richtig auf, Spitze: 60 km/h.

Am 13. Mai des Jahres 1913, neun Jahre nach Unterzeichnung des wegweisenden bilateralen Vertrags zwischen Bolivien und Chile, wurde die Eisenbahnstrecke zwischen Arica und La Paz feierlich eröffnet. Aus chilenisch getönter Sicht ein „Symbol für Frieden und Freundschaft", aus bolivianischer der blanke Hohn und ein katastrophaler Kontrakt. Dieser sah den endgültigen Verzicht Boliviens auf seine vormaligen Küstenterritorien vor, die das Land de facto bereits im Salpeterkrieg zwischen 1879 und 1883 an das eroberungsfreudige Chile verloren hatte. Dafür durfte Bolivien über die künftige Bahnstrecke frei seine Waren von und zur chilenischen Küste schaffen.

In langen Schleifen schaukelt das Bähnchen über abenteuerlich angelegte Abschnitte die Wüstenhügel bergauf. Die kühne Trasse schneidet sich mitten durch Steilabhänge immer größeren Bergrücken entgegen. Den unverdrossenen Eduardo holt es in einer Kurvenwelle fast von den Beinen, als er eiskaltes Bier und Cola serviert. All die Kehren, die schwindelerregenden Ausblicke über Schluchten und die Essensrüchlein aus der Küche verleiten ein Grüppchen Franzosen zum Griff zu einer Flasche Pastis. Statt an dem aufgetischten Fleisch in Schuhsohlenkonsistenz halten sie sich gegen Mittag tassenweise an ihrem Anisschnaps fest und bekämpfen das mulmige Magengefühl. Hitze und Schweißströme und Höhendruck auf meinen Ohren nehmen zu, dazu gesellt sich das stete Rattern und Rumpeln.

205 Kilometer trennen Arica von der Grenze. Eduardos blütenweißes Hemd hat unter dem Mittagsservice sichtbar gelitten. Aus den Lautsprechern unter der Decke dringen andinische Flötenklänge, die gar nicht schlecht zum Landschaftswechsel passen. Die kahlen Kordilleren, Mondszenerien gleich, laufen auf die Hochebene zu. Der Boden ist allenfalls von einem grünen, spröden Flor und gedrungenem Strauchwerk überzogen. Am Horizont werfen sich weiße andinische Bergriesen auf, von draußen dringt Kühle hinein. In das Stahlblau des Himmels drängen sich tiefhängende Wolken und schieben ihre schweren Schatten über das Hochland.

Visviri, einsame Grenzstation, zwei Stunden Aufenthalt. Dünne Höhenluft, sengende Sonne, die meisten von uns kämpfen mit Atembeschwerden. Ein Schild zeigt an: 4068 Meter über dem Meer. Die Zöllner sitzen in Visviri in einer Art Container. Der triste Ort besteht aus ein paar Dutzend zusammengewürfelten Bauten, manche sind verfallen. Über staubige Straßen schleichen Indios, in Ponchos vermummt. Als weißbraune Punkte verlieren sich Lamaherden in der Weite, dahinter die Reihen der Gipfel, ihre Kegel von ewigem Eis gekrönt. Im Bahnhof lässt der Koch das trübe Küchenwasser ab, die meisten Passagiere suchen sich irgendwo ein stilles Örtchen für das Allernötigste und hinterlassen ihre Duftmarken im Hochland. Den herben Toilettengeruch im Zug hatte Eduardo zuletzt mit Lavendelspray bekämpft und, wie ich finde, eine besonders pikante Mixtur kreiert.

Weiterfahrt. Dieselgestank und Staub ziehen hinein. Eduardo verteilt die Pässe zurück, macht sich einen Spaß daraus, Fotos und Passagiere in Einklang zu bringen. Auf der langen Geraden vor uns kreuzen Alpakas die Schwellen, der wortkarge Lokführer hupt sie alle davon. Lehm- und strohgedeckte Häuser ziehen vorbei. Ein paar Arbeiter kauern rund um ein Feuer, auf dem Leib nichts weiter als Lumpen. Armut auf Bolivianisch, Alltag. Die Gleise schieben sich an den Horizont, wo sich eine schwarze Wetterwand auftürmt. Die Sonne verschwindet, die Bergrücken lösen sich in dunklen Konturen auf.

Pando lesen wir bei einem kurzen Stopp. Ein verlorenes Lehmdorf, 76 Kilometer vor La Paz. Zeit für einen Karatekillerfilm aus Fernost. Eduardo staubt den Bildschirm ab, bringt den unerträglichen Streifen in Gang und kassiert, den Taschenrechner in der Hand, den Tageskonsum an Softdrinks und Bier ab. Aus dem Toilettenraum schwappt derweil eine Flüssigkeitsmelange in den Gang, die mich mangels mitgebrachter Schwimmflossen abschreckt, einem dringendsten Bedürfnis nachzukommen. Im Fernsehen spritzt Blut, aus der Ferne löst sich ein Flimmern aus Weiß und Orange. Laternen tauchen auf, Menschentrauben, die Scheinwerfer der Stadtbusse. Als Lichtermeer liegt plötzlich der Talkessel von La Paz unter uns, ein beeindruckendes Bild. In schier endlosen Schleifen windet sich der Zug hinab. Indiofrauen trotten mit geschulterten Babyknäueln über die Gleise, Eduardo versprüht eine letzte Dosis Raumspray.

Ankunft. Im Bahnhof taumelt das alkoholgestärkte Franzosengrüppchen in geschlossener Formation hinaus und nimmt das Zwei-Mann-Spalier aus Kellner und Koch kaum wahr, das sich in Erwartung eines Trinkgelds von jedem per Handschlag verabschiedet. Am Ende wollen alle nur eines, so schnell wie möglich: das Gepäck vom Dach. Laura nickt uns zum Abschied zu, an der einen Hand ihren Sprössling, an der anderen all die Bündel, die sie als Handgepäck in der Ablage durchgeschleust hat. John, ein US-Backpacker, ist zu einem blassen Abbild seiner selbst mutiert. „It was great", resümiert er, grinst ein wenig benommen und schultert den Rucksack.

Im Trubel der Märkte schlagen Cristina und ich uns durch bis zum Hotel La Joya. Erschöpft. Atemlos durch die Nacht.

P.S.:
Ob der Zug Arica–La Paz, zumal als touristische Strecke, jemals wieder in Betrieb genommen wird, steht in den Sternen. Wer ab Arica dennoch auf Tour gehen will, wird keinesfalls enttäuscht. Kulturelle Nahausflugsziele sind das Archäologische Museum San Miguel de Azapa und die Wüstenbilder, Geoglifos, an den Abhängen des „Heiligen Berges", Cerro Sagrado. Ausgiebigere Entdeckungen in Richtung bolivianische Grenze führen in die Andendörfer Putre und Parinacota sowie den Nationalpark Lauca mit dem Höhensee Chungará und dem Vulkanriesen Parinacota.

WÜSTE SPOTS IM LAND DER VERRÜCKTEN GEOGRAFIE

Sie gilt als eines der heißesten und trockensten Gebiete der Erde: die Atacamawüste im Norden Chiles. Mittendrin steckt die Oase San Pedro de Atacama, Ausgangspunkt für traumhafte Touren.

„Denn hinter San Pedro de Atacama liegt die Welt verlassen, kein künstliches Licht ist mehr zu sehen, nur die Sterne in der kalten Nacht."

Andreas Altmann, deutscher Reporter, in „Reise durch einen einsamen Kontinent" (2007)

Verflucht seien Wecker, die um drei Uhr nachts das Ende der Bettruhe verkünden. Doch wer das Geysirfeld El Tatio bei Sonnenaufgang erleben und in aller Herrgottsfrühe die besten Fumaroleneffekte aufs Bild bringen will, muss Opfer bringen. Ich schäle mich aus dem Schlafsack, beschränke die Körperpflege im Dunkeln auf ein halbminütiges Zähneputzen mit schweflig schmeckendem Wasser und trete vor das Hostal in San Pedro de Atacama. Der Jeep ist bereits da und wartet mit laufendem Motor.

Ich kann mich nicht an durchgesessenere Sitze erinnern, in denen wir zu fünft etwa neunzig Kilometer voranschaukeln, vorbei an Schattenrissen der Anden, von 2400 auf über 4200 Meter hinauf. Wir atmen schwer und bibbern wortlos um die Wette, vom aufsteigenden Rückenschmerz ganz zu schweigen. Die Nachtkälte kriecht durch jedwede Ritze hinein ins Fahrzeug und danach gnadenlos in uns. Die Heizung im Jeep funktioniert nur leidlich, die Scheiben vereisen von innen. Hätte ich doch Schlafsackhüpfen betrieben und wäre vom Hostal direkt an Bord gehopst!

Knapp drei Stunden später fahren wir in einen Talkessel ein. Um uns liegen die Konturen der Bergriesen, vor uns breiten sich Dampfsäulen gespenstisch aus, die Erde kocht: El Tatio. In der klirrenden Kälte verteilt Eduardo, unser Fahrer, Kaffee aus einer Thermoskanne in Plastikbecher. Eine klebrige, süße Brühe, die gut tut und die Müdigkeit wegspült. Bald durchbricht die Sonne die Wolken, taucht die Bergwelt in ihr warmes Licht, legt sich in die Rauchsäulen sprudelnder Geysire und über die dampfenden Kleinseen und Rinnsale. Ein unwirkliches Schauspiel. Quellen gluckern, Wasser läuft über Miniterrassen. Düsenartig schießen Fontänen in den stahlblauen Morgenhimmel über den Kordilleren, mehr Dampf als Wasser. Ein Geysir auf Island ist mir spektakulärer in Erinnerung, doch die wilde, wüste Szenerie hier oben in Chile ist nicht zu toppen. Allein sind wir freilich nicht. El Tatio fehlt nirgendwo auf den Ausflugsplänen der Tourveranstalter in San Pedro de Atacama.

Die Rückfahrt führt durch die Weite des menschenleeren, büschelbesetzten Hochlands, das wir beim Hinweg allenfalls hatten erahnen können. Ich fühle mich wie betäubt vom Anblick der Weiten, aber es kann auch an der

Höhe liegen. Wir kreuzen kleine Flüsse, sehen in der Ferne Vicuña-Herden und Vulkankegel. Eduardo stoppt und zeigt uns am Weg die Gewürzpflanze Chachacoma, die bei Erkältungskrankheiten helfen soll, und Chuchicandia, ein Kraut gegen die berüchtigte Höhenkrankheit Soroche. In einem Buch aus den 1920er-Jahren, „Acht Lehr- und Wanderjahre in Chile", schildert Atacamawüstenbesucher Otto Bürger die Symptome der Krankheit, „welche sich durch wahnsinnige Kopfschmerzen, Störung des Gleichgewichtssinnes, Sinken der Temperatur ankündigt. Der Puls wird fadenförmig, ein Zählen unmöglich; Übelkeit bis zum Erbrechen, Nasen- und Ohrenbluten bilden den Höhepunkt." Was uns vor Augen hält, dass nicht jeder Höhepunkt im Leben schön sein muss. Für Notfälle führt Eduardo ein Sauerstoffequipment mit. Zum Abschluss der Tour stoppen wir an den Thermalbecken von Puritama. In den Naturpools, mitten im kargen Nirgendwo, tauen wir definitiv wieder auf.

Geografisch gehört die Atacamawüste zum sogenannten Großen Norden Chiles, der sich in vier Landschaftszonen unterteilt: Anden, Zwischensenken, Küstenkordilleren und Pazifikflachland. Auf die rund 100 000 Quadratkilometer umspannende Atacama entfällt von jedem etwas. In Ozeannähe wachsen Zwergsträucher, in den Kordilleren Büschelgräser und Säulenkakteen. Schrundige Höcker, Vulkane, Hochbecken, Sandberge, zerfurchte Senken – all das gehört ins Wüstengroßmosaik. Klimatisch bewegt man sich zwischen drückenden Temperaturen über Tag und Minusgraden in der Nacht. Dem unwirtlichen Umfeld zum Trotz herrscht seit Urzeiten menschliches Leben in der Wüste, ausgehend von Jägern und Sammlern, die vor etwa 11 000 Jahren den spärlichen Wasserläufen vom Hochgebirge in die Trockenzonen folgen. Zunächst finden sie in Höhlen Unterschlupf, einige Jahrtausende später begründen sie um die heutige Oase San Pedro de Atacama die San-Pedro-Kultur. Die Wüstenbewohner, als Atacameños bekannt, nutzen Lamas und Alpakas als Woll- und Fleischlieferanten und legen an den Abhängen der Berge Anbauterrassen an. Die Feldstufen bewässern sie über ausgeklügelte Systeme, der Tierdung hilft beim Wuchs von Bohnen, Quinoa und Mais. Die Atacameños verständigen sich in ihrer eigenen, längst verschwundenen Sprache und beginnen Tauschhandel mit verschiedenen Völkern zu treiben, nicht nur küstenwärts, sondern bis hinauf in den heutigen Nordwesten Argentiniens und den bolivianischen Altiplano. Mit den Einfällen der Inkaeroberer im 15. Jahrhundert ändert sich das Leben der Wüstenbewohner. Zwar belassen ihnen die Inka ein gewisses Maß an Selbstbestimmung, doch sind Abgaben in Form von Nahrung, Textilien, Steinmetz- und Metallarbeiten zu entrichten. Für den Bau von Straßen, Speicher- und Befestigungsanlagen ziehen die Inka Männer zum Arbeitsdienst ein. Mit der Invasion der Konquistadoren ändert sich das Panorama erneut. An der Spitze der spanischen Pionierzüge durch die Atacama stehen Diego de Almagro und Pedro de Valdivia. Ein kleines Heer, kommandiert von Francisco de Aguirre, hinterlässt 1540 eine erste Blutspur, als die Truppen die Festung von Quitor erstürmen und die Führer der Atacameños töten. Während meiner Tage in San Pedro de Atacama fahre ich hinaus nach Quitor, streife an Mauerruinen entlang. Wer andernorts die weitgehend menschenleeren Wüstenweiten durchfährt, mag kaum glauben, dass später erneut Konflikte toben. Um die reichen Salpetervorkommen in der Wüste entbrennt 1879 ein vierjähriger Krieg zwischen Chile und dem Verbund aus Peru und Bolivien. Anfang des letzten Jahrhunderts beginnt unweit von Calama die Ausbeutung riesiger Kupferminen.

San Pedro de Atacama ist die schönste und bekannteste Oase der Atacama. Ich schaue mir das Archäologische Museum an, die kalkweiße Kolonialkirche mit ihrer Dachkonstruktion aus Kakteenholz. Sicher lebt man hier und heute nicht weltfremd, handy- und internetfern. Hotels, Hostales und Touranbieter schöpfen aus der Einkommensquelle Tourismus, die nicht versiegt. Dennoch fällt San Pedro de Atacama auf angenehme Art aus der Zeit.

Ausflugsklassiker zu Sonnenuntergang ist das „Tal des Mondes", Valle de la Luna, mit bizarren Steinformationen, Salzablagerungen, gewaltigen Sanddünen. Es formt einen Teil der Salzkordillere, an der sich im Laufe der Zeiten Erosion gewaltig zu schaffen gemacht hat.

Ein neuerlicher Wüstentrip bringt mich im rumpelnden Jeep zum Salar de Atacama, einem Salzsee, dessen Ausdehnung weit größer ist als das gesamte Tal der Millionenhauptstadt Santiago de Chile. Einen Abfluss hat der Salzsee nicht. Die in den Kordilleren entspringenden Bäche und Flüsschen verdunsten oder formen kleinere Gewässer, die teils unterirdisch liegen. Flamingos, die wir mit Ferngläsern beobachten, sind keine optische Täuschung in Rosa.

Zurück in San Pedro de Atacama, streife ich am Abend etwas außerhalb über staubige Wege, lasse mich auf einem Mäuerchen nieder und den Anblick des 5916-Meter-Vulkanriesen Licancábur auf mich wirken. Chile, welch ein Land der Extreme, welch ein Land der verrückten Geografie zwischen Hitzeflimmern und ewigem Eis!

AUF NACHTWANDERUNG ZU HEISSEN QUELLEN IN DEN ANDEN

Wieviele Kilometer genau der Weg zu den heißen Quellen im Gebirge lang sein wird, ist mir schleierhaft, als ich mit Jaime und Sergio in die Nacht hineinmarschiere. Es fehle ein ganz kleines bisschen, sagt Jaime, als wir bereits der Entkräftung nahe sind. Zwei Stunden später wiederholt er den Satz.

„Es ist dort [in Chile] schwierig, auf größere Entfernungen hin die wirkliche Weite abzuschätzen, in welcher sich irgend eine Stadt, ein Berg u.s.w. befindet."

Ernst Freiherr von Bibra in „Reise in Südamerika", 1854

Heiße Südsommerluft weht durch die Fenster hinein. Auf kurviger Straße kämpft sich der Bus an diesem Novembernachmittag aufwärts, Zentralchiles Kordilleren entgegen. Eingezwängte Fahrgastknäuel klammern sich krampfhaft fest an den Haltestäben und den herabbaumelnden Lederschlaufen. Da ich seit Anbeginn in Santiago de Chile an Bord bin, genieße ich den Vorzug eines Sitzplatzes. Mütter mit Säuglingen steigen irgendwo hinten zu, quetschen sich hinein und bei Bedarf irgendwo wieder hinaus, ebenso Kinder in Schuluniform. Ihre Gesichter tragen den

Teint der Sonne des chilenischen Hochlands. Der Dieselmotor dröhnt, auf meinem Rücken spüre ich Schweißrinnsale. Meine temporären Nachbarinnen, zwei gickelnde Schulmädchen in blauen Kleidern, wünschen mir bei ihrem Ausstieg „Suerte“ – Glück. Kann man immer brauchen. Dass ich in der kommenden Nacht bis zum erschöpfenden Glückzustand durch die Anden marschieren werde, kann ich in diesem Moment nicht ahnen.

Hinter San Gabriel ziehen Felswände von Südamerikas Traumgebirge über dem fruchtbaren Tal des Río Maipo an den schlierigen Busscheiben vorbei. Privathäuser bieten Unterkunft an der Strecke an. Der Bus leert sich, bis wir nur noch zu dritt sind. In der Dämmerung rollt unser Gefährt auf dem Dorfplatz von El Volcán ein. Endstation. Der Bus fährt heute nicht mehr weiter bis zu meinem ureigenen Ziel, den Baños Colinas, auch Termas Valle de Colina genannt: heiße Quellen in den Anden, wie sie sich dank der geothermischen Aktivitäten überall in Chiles Kordilleren finden. Diese Quellen sind die ersten, die ich im Land erkunden will.

In der Ferne verfolge ich die Straße, die sich als braunes Band weiter hinauf in die Berge zieht und im Halbdunkel verliert. Der Ort El Volcán wirkt trist, spricht mich ganz und gar nicht an. Ein wenig verloren schultere ich den Rucksack, habe keine Lust auf Unterkunftssuche. Was tun, wo hin? Die beiden verbliebenen Busgäste, die sich als Jaime und Sergio vorstellen, geben die Wende. Zwei Chilenen, die, wie Sergio gleich betont, stolz darauf sind, Freunde zu sein, denn das sei in einem gesellschaftsklassenorientierten Land wie dem ihren nicht die Regel. Sergio, 28, ist Zahnarzt. Jaime, 25, verdient seine Pesos als Alarmanlagentechniker. Beide haben sich einen Kurzurlaub von ihren Frauen genommen.

„Wir wandern zu den Baños Colinas, haben Essen dabei und zur Sicherheit ein Zelt", sagt Sergio und animiert mich: „Kommst du mit? Wir laden dich ein, das Essen reicht ohne Probleme für drei."

Im Nachhinein gebe ich zu, allenfalls suboptimal vorbereitet gewesen zu sein. Ich hatte keine Ahnung von der Entfernung, an diesem Tag nicht einmal einen Notverpflegungsvorrat im Rucksack und keinen blassen Schimmer, ob Zufallsbekanntschaften in Chile zu trauen war. Aber inmitten all der Unbedarftheit verspürte ich ein Bauchgefühl. Und das gab das deutliche Signal: „Danke, klar komme ich mit!"

Hinter El Volcán folgen wir der Straße, es geht atemschwer aufwärts. Des Tages letztes Licht versinkt, nach dem ersten Stück hat sich Dunkelheit über die Bergwelt gelegt. Jaime, der mit seinem pechschwarzen Vollbart und der ohrenschützenden Wollmütze den Eindruck eines hartgesottenen Bergkämpfers macht, kennt sich aus in der Gegend, sagt er. Sergio ist zu meinem Erstaunen erstmals hier unterwegs. Zu Deutschland fällt ihnen nicht vielmehr ein als die Namen Otto und Fritz.

Jaime und Sergio teilen ihre Orangen mit mir. Irgendwo schöpfen wir Wasser an einer Quelle, trinken es pur, füllen die Trinkflaschen auf. Gnadenlos steigt die Strecke bergan, umgeben von majestätischen Bergsilhouetten, über denen bald der Vollmond steht. Wir machen kleine Kaskaden aus, die als weiße Striche wie angeklebt wirken. Flussrauschen und fernes Hundegebell erwachsen zur Geräuschkulisse, nirgendwo ist in dieser Nacht ein Fahrzeug unterwegs. Alles liegt wie ausgestorben da. Das Mondlicht erspart den Einsatz von Taschenlampen, gespenstisch laufen die Konturen riesiger Bergschatten über das Tal. Sergio macht Halt, zieht ein Fernglas hervor und hält es himmelwärts.

„Hier, schau genau hin, Otto", scherzt er, lacht und reicht mir das Fernglas, „du siehst jetzt wunderbar die Krater auf dem Mond."

Es ist das erste Mal im Leben, dass ich sie bemerke.

Gegen Mitternacht machen wir längere Rast, wärmen auf dem Kocher der beiden eine Portion Fleisch mit Reis auf. Wir sind ausgepowert, brauchen neue Kraft. Hinter Lo Valdés macht Sergio einen zunehmend schwächeren Eindruck.

„Falta poquito", muntert Jaime seinen Kumpel auf, was heißen will: Es fehlt nur noch ein ganz kleines bisschen, poquito, also noch weniger als das eigentliche „wenig", poco.

Ganz abgesehen davon, dass von Menschen in Südamerika bemessene Entfernungs- und Zeitangaben grundsätzlich ihre Eigenheiten haben können: Wer sich mit Verkleinerungsformen wie „poquito" im spanischen Sprachgebrauch nicht auskennt, könnte wirklich davon ausgehen, dass die verbleibende Wegstrecke bis zu den Quellen außergewöhnlich kurz ist. Ist sie aber nicht. Eher im Gegenteil.

Wir sprechen jetzt wenig, konzentrieren uns aufs Weiterkommen. Sergio bleibt ein ums andere Mal zurück, doch jedem von uns geht die Nachtwanderung allmählich an die Substanz. Der Rucksack scheint sich immer stärker in meine Schultern bohren zu wollen, die Nacken- und Beinmuskelschmerzen steigern sich fast minütlich. Gemeinschaftlich nehmen wir eine Auszeit, legen uns flach auf einen Felsen an der Straße, atmen in der kühlen Nachtluft der Kordilleren tief durch.

„Falta poquito", sagt Jaime nach der Pause.

Jaime und ich nehmen Sergio schließlich in die Mitte, greifen nach seinen Rucksackschnüren und ziehen ihn wie einen störrischen Lastesel voran durch die Anden. Die Aufstiegsmühen nehmen kein Ende.

„Falta poquito", wiederholt Jaime den Satz von vor zwei Stunden.

In einem Flusstal scheint tatsächlich das letzte Wegstück anzubrechen. Dank des Mondscheins sparen wir unverändert Taschenlampenbatterie. Dann sind wir da. Es ist fünf Uhr morgens, ein gefühlter Marathon liegt seit dem Aufbruch in El Volcán hinter uns; in echt dürften es um die 25 Kilometer gewesen sein.

„Ich wusste doch, dass nur wenig gefehlt hatte", jubelt Jaime.

Kleine Pools mit gekräuselten Wasseroberflächen breiten sich vor uns in der Bergeinsamkeit aus. Der Anblick verleiht uns einen Schub Restenergie. Es ist kalt und dämmert bereits, als wir ein Stück abseits in Windeseile behelfsmäßig das Zelt aufbauen. Endlich, ja endlich, gleiten wir dann in eines der heißen Wasserlöcher. Lautlos und splitternackt. Um uns herum ragen die Wände der Anden auf, die Luft ist glasklar. Unsere Schweißfilme lösen, unsere Muskeln entspannen sich. Die Glücksgefühle, es geschafft zu haben, wiegen die Erschöpfung auf. Wir sitzen in den Becken, die ständig frisch durchflutet werden. Größer kann Wohlbefinden nach solchen Strapazen kaum sein. Die Füße stecken in schlammigem Grund, das Wasser riecht schweflig. Jaime erzählt, wie aufregend es sei, in diesen Pools Liebe zu machen und verweist auf adäquate Erfahrungen mit seiner Frau an selber Stelle. Nun, hoffentlich sind das wirklich nur Schlammablagerungen, in denen meine Füße gerade stecken, denke ich. Nach kompletter Körperaufweichung wird die Hitze im Wasser auf Dauer fast ein wenig beklemmend. Ich entsteige dem Becken, husche zum Zelt und verkrieche mich unter Muskelkrämpfen im Schlafsack.

Stunden später haben wir das Zelt längst abgebaut und baden erneut, diesmal sittsam bekleidet. Über zwanzig Ausflügler in Privatwagen und im Mittagsbus sind eingetroffen und aalen sich neben uns in den Bassins. Besser gesagt: in „unseren" Bassins! Die aufgekommene Massenbegleitung gleicht einem Kulturschock.

Ich blende das lärmende Miteinander aus, lege den Kopf in den Nacken. Kondore tauchen im Stahlblau des Himmels auf. Den Weg zurück nach El Volcán und Santiago de Chile werden wir motorisiert zurücklegen.

P.S.:
Das historische Einstiegszitat aus dem 1854 erschienenen Band „Reise in Südamerika" sei der Vollständigkeit halber in seinen Gesamtzusammenhang gebettet:

„Es ist dort [in Chile] schwierig, auf größere Entfernungen hin die wirkliche Weite abzuschätzen, in welcher sich irgend eine Stadt, ein Berg u.s.w. befindet, indem alle diese Objekte sich fast in gleicher Klarheit darstellen, seien sie eine, zehn oder zwanzig Stunden weit entfernt. Ich habe später von der Cordillera aus das 15 Stunden weit entfernte Santiago so deutlich vor mir gesehen, daß ich auf einen Abstand von höchstens anderthalb Stunden geschlossen haben würde, hätte ich nicht den Weg von dort selbst zurückgelegt."

Schwer kalkulierbare Distanzen führte der Verfasser Ernst Freiherr von Bibra auf Täuschungen der „Luftperspektive" zurück und hätte bei der Frage nach dem verbleibenden Weg vielleicht sogar selber nach chilenischem Maßstab geantwortet: „Falta poquito."

DIE MAGISCHE BANNKRAFT DER OSTERINSEL

Kolossale Steinfiguren, Moai genannt, legen Zeugnis einer Hochkultur ab, die ihre besten Zeiten hinter sich hatte, als die ersten Europäer im 18. Jahrhundert auf der Osterinsel an Land gingen. Geblieben sind die Geheimnisse vorvergangener Epochen, was die heutigen Eindrücke nur noch steigert.

„Auf der Ostseite der Insel kamen wir zu einer Reihe Bildsäulen, sieben an der Zahl, wovon viere noch aufrecht standen; eine unter diesen hatte aber auch schon die Mütze verloren. Sie standen alle auf einem Piedestal, die so wie auf der andern Seite der Insel waren, und die Steine im Gestell waren an beiden auf gleiche Art behauen und passten sich wohl aneinander."

Aus „Johann Reinhold Forster's Reise um die Welt während den Jahren 1772 bis 1775, geschrieben und herausgegeben von dessen Sohn und Reisegefährten George Forster", 1778

Für mich ist es das faszinierendste Freilichtmuseum, das ich je betreten habe, ausgebreitet auf einem rauen Vulkaneiland zwischen Südamerika und Südsee, 3700 Kilometer von der Küste Chiles entfernt: die Osterinsel, Isla de Pascua. Petroglyphen mit Vogelmannmotiven, Altäre aus aufgeschichteten Platten und die weltberühmten Steinkopfmänner, Moai, belegen die Spuren einer Kultur, deren Höhepunkte lange zurückliegen, als der Niederländer Jacob Roggeveen zu Ostern 1722 den entlegenen Landsprenkel im Pazifik als mutmaßlich erster Europäer sichtet und ihm den Namen Paasch-Eiland gibt, Osterinsel. Ein maßgeblicher Teilnehmer der Roggeveen'schen Expedition, Carl Friedrich Behrens, geht an Land und stuft die Statuen als „Götzenbilder" ein. Manche sind noch intakt und in Gebrauch, wie ich seinem Weltreisebericht „Der wohlversuchte Südländer" mit interessanten Beobachtungen der Einheimischen entnehme: „Nach meiner Feststellung verließen sie sich völlig auf ihre Götter- oder Götzenbilder, die allda am Strande in großer Menge aufgerichtet standen. Sie fielen davor nieder und beteten sie an. Diese Götzenbilder waren sämtlich aus Stein gehauen, in der Form eines Menschen, mit langen Ohren. Das Haupt war mit einer Krone geziert (flache Zylinder aus vulkanischem Gestein). Das Ganze war kunstvoll gemacht, worüber wir uns sehr wunderten."

Jahrzehnte später, 1774, ist die Wahrnehmung des Naturforschers Johann Reinhold Forster und seines Sohnes George (Georg), Expeditionsteilnehmer unter Weltumsegler James Cook, eine andere. Nicht nur, dass sie magere Bewohner mit Merkmalen von „Armseligkeit", „Hunger und Mangel" antreffen. Statt aktiver Verehrung fällt den Forsters allenfalls der ergebene Respekt der Einheimischen vor den Plattformen und Bildwerken auf: „Wir merkten übrigens nicht, dass die Insulaner diesen Pfeilern, Säulen oder Statuen einige Verehrung erwiesen hätten, doch mussten sie wenigstens Achtung dafür haben, denn es schien ihnen manchmal ganz unangenehm zu sein, wenn wir über den gepflasterten Fußboden oder das Fußgestell gingen und die Steinart untersuchten, wovon sie gemacht waren." Fälschlicherweise, so sind wir in historischer Rückschau schlauer, deuten Vater und Sohn Forster die Monumente als Königsdenkmäler und Begräbnisplätze. In verschiedenen Inselteilen sehen sie vernachlässigte Anlagen mit Bildnissen, die sie zu Recht als „umgeworfen" einstufen, darunter ein gewaltiges Werk von „27 Fuß Länge". Andere Statuen stehen unvermindert aufrecht. Bemerkenswert ist, dass sich bereits die Forsters fragen, „wie ein Volk, das kein Handwerkszeug und andere mechanische Hilfsmittel hat, so große Massen" habe bearbeiten und aufstellen können. Für die Forsters steht fest, dass die „riesenmäßigen Monumente (...) Überbleibsel vormaliger besserer Zeiten" sind, zumal sie nirgendwo neue Steinbrüche bemerken und „kein einziges Instrument, das zur Bildhauerei oder Baukunst im mindesten hätte dienlich sein können."

Riesenmäßige Monumente – gute Stichworte. Im Mietjeep mache ich mich ab der Inselhauptstadt Hanga Roa auf die Spur der Moai. Inmitten eines kargen, unwirtlichen Gras- und Hügellands führen Pistenabzweige zu Resten von Altaranlagen und umgestürzten Kolossalfiguren. Seit Jahrhunderten ruhen sie dort, ihre Gesichter versunken im Erdreich, ihre roten Steinhüte weggerollt über den Bodenflor. Andernorts stehen die Giganten aufrecht, so wie am erloschenen Krater Rano Raraku, der vollendete und unvollendete Werke bewahrt; manche ragen nur zu zwei Fünfteln aus dem Boden. Aus der Ferne mache ich Pünktchen aus, die sich über die grasgrünen Abhänge des Rano Raraku ziehen. In Nahsicht erwachsen die Punkte zu majestätischen, vollplastischen Statuen, manche fünf Meter und größer. Mit ihren Riesenköpfen verlangen sie Ehrfurcht ab. Die Augen liegen tief, die Nasen sind gewölbt, die Ohren lang. Viele Gesichter ruhen in sich, drücken Stärke und Weisheit aus. Doch was hat es mit den Giganten auf sich? Wem und welcher Ära sind sie zu verdanken?

Vorausgeschickt sei, dass bei der Nachzeichnung der Geschichtsverläufe nichts schlussendlich geklärt, nichts nachgewiesen ist. Die geläufigste These besagt, dass die Insel mutmaßlich ab dem fünften nachchristlichen Jahrhundert von Polynesien her besiedelt wird. Mit Moai und Tempelanlagen bringen die Zuwanderer erste Zeugnisse hervor und entwickeln sich isoliert, bis es im 14. Jahrhundert mit der Ankunft des legendären Königs Hotu Matua zu einem weiteren Besiedlungsschub aus Polynesien kommt. Alt- und Neusiedler leben zunächst in Frieden zusammen, die Kultur erreicht ihre Blüte. Jede soziale Einheit, in der Regel eine Sippe, verfügt über ein politisch-kultisches Zentrum. Die aufgestellten Moai fungieren dabei als Symbole der vergöttlichten Ahnen, als Mittler zwischen Lebenden und Göttern, können wohl aber auch die Macht der Gemeinschaft verkörpern. Überwiegend aus dem Tuff des Rano Raraku geschlagen, bearbeiten Bildhauer die Figuren mit Obsidianwerkzeugen in riesigen Freiluftwerkstätten. Mit Hilfe von flachen Steinplatten, Seilen und untergelegten Balken transportieren Arbeiterheere fertige Büsten zu ihren Bestimmungsorten. Aufgerichtet werden sie auf einem Steinaltar mit dem Rücken zum Meer, so dass sie auf den Platz und die Häuser des Sozialverbunds blicken. Im Lauf der Jahrhunderte entstehen etwa 250 Altarplattformen und tausend Figuren, die größte 21 Meter lang. Ein würdevolles Aussehen verleihen den Moai Hüte aus roter Gesteinsschlacke. Als Schmuckelemente dienen Augen aus bearbeiteten Korallen.

Die Oster- ist auf Dauer keine Friedensinsel. Im 17. Jahrhundert eskalieren die Machtinteressen und, infolge von Übersiedlung, die Konkurrenzkämpfe um die begrenzten Ressourcen. Es kommt zu Mord und Totschlag und Stammeskriegen, in deren Folge viele Altaranlagen zerstört und Kolossalbüsten umgestürzt werden. Vater und Sohn Forster treffen 1774 ärmliche Bewohner an, denen es am Nötigsten fehlt und die „ehemals weit zahlreicher, wohlhabender und glücklicher gewesen sein müssen als sie es heutigen Tages sind“, wie die Forsters zu Recht vermuten. Traurige Krönung weiterer Tragik ist die Verschleppung zahlreicher Insulaner 1862 durch Sklavenjäger nach Peru. 1888 annektiert das ferne Chile die Insel, weite Flächen werden fortan für die Schafzucht freigegeben und die Besitzrechte der ursprünglichen Siedler ignoriert. Ein düsteres Thema, bis heute. Ab Mitte des 20. Jahrhunderts rücken wissenschaftliche Expeditionen, darunter von Thor Heyerdahl, die Osterinsel zunehmend stärker ins Blickfeld. Forschungsvorhaben, Reportagen, Filme folgen.

Überall rücke ich den Moai auf ihren steinigen Leib, ob im Archäologischen Komplex Tahai nahe Hanga Roa oder beim Besuch von Anlagen wie Ahu Akivi mit den Sieben Moai. Die Natur gibt ihr Übriges hinzu, um mich restlos in den Bann zu ziehen. Anderntags schlage ich mich hinauf an den Rand des Vulkankraters Rano Kau, gehe hinüber zur Zeremonialstätte Orongo mit ihren Felsritzungen. Die Motive des Vogelmanns, eine Mischung aus Mensch und Fregattvogel, rufen das sogenannte „Vogelmannritual" ins Gedächtnis. Dabei galt es für die von ihrem jeweiligen Clan geschickten Teilnehmer die Klippen hinabzuklettern, hinüber zur Felseninsel Motu Nui zu schwimmen und in einem Schilfkörbchen ein Ei der Rußseeschwalbe zu holen; der siegreichen Partei kam eine Zeit lang höchstes Ansehen zu. Hoch über der Südwestküste lasse ich mich in Wind und sengender Sonne nieder. Gleißendes Licht steht über dem Stillen Ozean, der einmal mehr das Gegenteil seines Namens beweist. Da draußen kocht der Pazifik.

Heute leben etwa 6000 Menschen auf der 165 Quadratkilometer umspannenden Insel, darunter Nachfahren der polynesischen Ureinwohner, Rapa Nui genannt, eine durchaus stolze, selbstbewusste Gemeinschaft. Problematisch, vor allem seit den letzten zwei Jahrzehnten, ist der zunehmende Zuzug von Festlandschilenen. Der Tourismus ist zur wichtigsten Einkommensquelle erwachsen, was aber ebenso dazu führt, dass es bei Bauprojekten zu Missstimmigkeiten und Protesten kommt. Vertreter der Rapa Nui verlangen Mitspracherechte, eine Übergabe ihrer Ländereien an Chile haben sie offiziell nie akzeptiert. Eine Lobby haben die Rapa Nui leider nicht.

Forschung, Thesen und Spekulationen haben ein wenig Licht ins Dunkel gebracht, doch das große Rätsel der

Osterinsel wird wohl immer ungeklärt bleiben. Was genau sich bis zur Ankunft der ersten Europäer im 18. Jahrhundert an Entwicklungslinien, Konflikten und höchster Bildhauerkunst abgespielt haben mag, ist nicht verlässlich überliefert. Gewiss ist nur eines: Die Anblicke der Moai machen mich wie benommen. Ich kann mich kaum lösen von der Bannkraft der Figuren, die auch im Inselnorden über der Traumbucht von Anakena verharren. Still und erhaben, gelassen, überlegen. Wind raschelt durch die Palmen hinter dem Strand. Erst freudiges Kindergekreisch reißt mich in die Wirklichkeit zurück.

TREKKING DURCH PATAGONISCHE TRAUMKULISSEN

Adiós Zivilisation. Sieben Tage Trekking im Nationalpark Torres del Paine. Eine Wildnis aus Gletschern und Flüssen, Bergen, Wasserfällen und Seen. Dass wir inmitten der Einsamkeit ein halbes Dutzend ungeöffnete Fischkonservendosen finden, sei nur nebenbei bemerkt.

„Die Torres del Paine gelten als eine der spektakulärsten Gebirgslandschaften der Erde – wegen der Kühnheit ihrer Formen und ihrer großen Schönheit.“

Klaus Bednarz, deutscher Journalist, in „Am Ende der Welt. Eine Reise durch Feuerland und Patagonien“ (2004)

Knappe Vorrede

Die Sommer sind kurz und die Winter lang und hart im südlichen Patagonien, so dass sich das Zeitfenster für ein Trekking im Nationalpark Torres del Paine automatisch öffnet. Meine Wahl fällt auf den Südsommermonat Januar. Wahrzeichen und Namensgeber des riesigen Schutzgebiets sind die „Paine-Türme“, Torres del Paine, senkrechte Felsenfinger aus Granit, bis zu 2850 Meter hoch; ein Stück weiter himmelwärts buckelt sich der Cerro Paine Grande auf. Nächste relevante Stadt, so man sie als solche bezeichnen will, ist Puerto Natales, gelegen am Meeresarm der „Letzten Hoffnung", Última Esperanza. Hier machen Trekker Station, decken sich mit Proviant ein und verzehren am Abschiedsabend, wie ich, eine Portion frischen Seelachs, bevor sie am nächsten Morgen per Bus zu den Torres del Paine aufbrechen.

„Alaska in Kleinformat" nennt man den Park, der allerbeste Zutaten aufbietet: eine Bergwelt aus Eis und Gletschern, Flüssen, Geröllfeldern, grün bis türkisfarben schimmernden Seen, bunten Blütenmeeren. Guanakos und Schwarzhalsschwäne kommen gleichermaßen vor wie Füchse, Skunks und Nandus, jene straußenähnlichen, flugunfähigen Laufvögel, die man auch andernorts in Patagonien sieht; rar machen sich Pumas.

Das zum Biosphärenreservat erklärte Natur- und Trekkingparadies ist kein Geheimtipp mehr, der Wandel im Nationalpark in den letzten zwei Jahrzehnten unüberseh- und kaum aufhaltbar. Auch der Nationalpark Torres del Paine unterliegt der Gefahr, zu Tode geliebt zu werden, doch deshalb kann man ihn für Gäste nicht verriegeln. Neben Feuersträuchern und Fuchsien blüht verstärkt der Lodgekommerz, die Besucherzahlen pro Jahr sind insgesamt in den sechsstelligen Bereich geschnellt. Unbedarfte Touristen haben schon Waldbrände verursacht, die Forstbehörde appelliert ein ums andere Mal zu respektvollem, verantwortungsbewusstem Umgang mit der Natur. Ein ökologisch hochsensibilisierter Tourismus – gerade der ist entscheidend für kommende Generationen.

Die nachfolgenden Reiseskizzen zur großen, einwöchigen Runde um das Paine-Massiv habe ich ganz bewusst ausgewählt. Sie stammen aus jener Zeit, in der alles noch etwas ursprünglicher war, und erlauben – falls Sie gerade selbst voller Eindrücke zurückgekehrt sind – umso besser den Vergleich zwischen Gestern und Heute. Was sich nicht geändert hat: die überwältigende Natur und die Strapazen, die einen guten Fitnesszustand voraussetzen. Ein Trekking ist eben kein Selbstläufer.

Erster Trekkingtag

Ein Januartag, Mittagszeit, kurz nach zwölf. Vier Stunden Busfahrt von Puerto Natales zur Rangerstation an der Laguna Amarga liegen hinter, geschätzte 120 Trekkingkilometer um das mächtige Paine-Massiv vor uns. Gebirgsfan Steven aus Melbourne hatte mir in unserem Travellertreff in Puerto Natales vom Himalaya und vom Nationalpark Torres del Paine erzählt, für ihn die „schönsten Plätze der Welt". Noch hat mich die Faszination nicht gepackt, dazu ist die Datenaufnahme im Häuschen der Parkaufseher zu nüchtern. Nur wenige Leute lassen sich heute für die große Tour registrieren, die am Verwaltungssitz des Nationalparks am Lago del Toro endet. Einige Tage darauf wird man uns dort unsere Reisepässe wieder aushändigen, versichert der Ranger und setzt hinzu, dass seit Wochen nach einem verschwundenen US-Amerikaner gesucht werde. Für den Fall, dass wir Hinweise – oder unausgesprochen: gar diesen selber – finden sollten. Sandra und ich schauen uns an. Es ist gut, zu zweit unterwegs zu sein in der anstehenden Woche.

Wir schultern die Rucksäcke. Den Auftakt macht ein leicht zu begehender Weg durch flaches Terrain. Das Trio der Granittürme Torres del Paine zieht unsere Blicke wie magnetisch an. Die Temperaturen bewegen sich heute tagsüber um wohlige fünfzehn Grad, es ist sonnig. Der Wind weht nur leicht, was sich schlagartig ändern kann. Wolken lasten über einem Teil des Gebirges. Es geht am Río Paine entlang, zunächst durch ein steppenartiges Gebiet mit niedrigen Baumkrüppeln. Erste Bachpassagen verlangen uns Balance und Sprungkraft ab. Der Weg ist mit Holzstäben und orangefarbenen Schleifchen in Bäumen markiert, die Gebirgswände bleiben stumme Begleiter zur Linken. Allmählich ändert sich die Landschaft, wird fruchtbarer. Teppiche aus weißen Wiesenblumen breiten sich aus. Alles ist beruhigend, friedvoll. Ein Zaun gibt das vorerst letzte Zeichen menschlicher Präsenz ab. Der Weg bleibt eben. Wir legen ein Picknick an einem Bach ein, laden gierig Salz und Vitamine nach. Das Wasser ist bedenkenlos genießbar. Unser erstes Etappenziel, Camping Puesto Serón, erreichen wir nach etwa vier Stunden. Der Campinggrund liegt an einem Flüsschen, Moskitos freuen sich über ihr blutiges Dinner aus der französischsprachigen Schweiz (Sandra) und dem deutschen Rheinland (ich). Der Aufbau unseres in Puerto Natales gemieteten Zeltes hat seine Tücken, niet- und nagelfest hält das Konstrukt nicht. Wir hätten es vorher prüfen sollen. Der Kocher ist noch nicht nötig, es gibt hier Feuerstellen und reichlich Holz. Im Tageslicht des Abends kochen wir ein Tütensüppchen. Bis elf Uhr nachts bleibt es hell.

Zweiter Trekkingtag

Das quellkühle Bachwasser belebt. Wir halten uns längs dem Río Paine, Hochlandgänse sonnen sich auf kleinen Sandbänken. Dass ich als Flachlandtiroler auch in der Bergwelt Shorts trage, rächt sich. Immer wieder muss ich Stacheln aus meinen Beinen entfernen, bleibe aber standhaft und dickköpfig kurzbehost. Parallel zu einer Flussbiegung steigt der Pfad erstmals an. Wir passieren die Laguna Vega, in der bauchige Wolken auf dem Seespiegel baden, dann eine Anhöhe. Wind schneidet ins Gesicht. Jeder Meter voran wird mit einem beeindruckenden Blick belohnt. Der Lago Paine liegt unter uns. Unsere Augen verfolgen den silbernen Strang des Paine-Flusses zum Lago Dickson, der vor einem breiten Wolkenband am Ende des Talauslaufs gespenstisch daliegt. Der kurze Abstieg erfolgt auf staubigem, steinigem Untergrund bis auf Höhe des Flussbetts. In einem Feuchtgebiet verlieren wir vorübergehend den Weg, stehen knöcheltief zwischen feinhalmigen Büschen im Schlamm. Die Wolkenwand vor uns wird rissig, das Gletscherpanorama raubt uns den Atem. Wir finden zurück auf den rechten Pfad.

Lichter Wald, starker Strauchbewuchs. Nieselregen. Ein Fuchs huscht in der Ferne davon. Heute nehmen wir vom Zeltaufbau Abstand. Die Schutzhütte Dickson ist unser Ziel, zwei Gehminuten von den eisigen Wassern des Lago Dickson entfernt. Die Hütte hat Holzboden, besteht aus drei kleinen Räumen und einem Ofen, in den wir bald einige von Vorgängern angehäufte Holzstücke schieben. Vier weitere Trekker treffen im Laufe des Abends aus der Gegenrichtung ein, ermattet durch die Strapazen hoch oben auf dem John-Gardner-Pass, unserem morgigen Zwischenziel. Die Schultern schmerzen. Kleider und Schuhe dünsten aus, im Duft des warmen Holzes steigen trockene Schweißrüchlein von uns allen auf. Typische Trekker-Atmosphäre. Die Nacht hindurch wird es regnen.

Dritter Trekkingtag

In der Morgensonne erstrahlt der majestätische Gletscher an einem Arm des grünlichen Sees in seiner ganzen Pracht. Eisschollen treiben umher. Wir brechen auf durch ein enges, lang gestrecktes Tal. Es gibt erstaunlich viele tote, kahle Baumstämme, manche sind verbrannt. Das Massiv in Hinteransicht ist nicht weniger imposant. Irgendwo hämmert ein Specht, im Hintergrund rauscht ein Wasserfall. Am Weg ist ein kleiner See mit Gletscherstückchen überzogen, die Außentemperatur dürfte um die sechs Grad liegen. Ich trage, wie immer und unbelehrbar, kurze Hosen; die Gänsehaut nimmt nun beachtliche Züge an. Am Abend hatten uns zwei US-Boys von Schnee und Nebel auf der Passhöhe erzählt. Schöne Aussichten. Der Himmel trübt ein. Unterwegs werfen wir den Kocher an, stärken uns mit Nudeln und Tomatensauce, animieren uns zum Aufstieg auf den 1200-Meter-Pass. Im Winter, wenn die Temperaturen im Park auf zwanzig Grad unter Null absacken, dürfte er unpassierbar sein. Unbarmherzig windet sich der Pfad von Lichtung zu Lichtung, die gewaltige weiße Bergschneise vor uns klart auf. Die Bäume verschwinden, wir stapfen durch sumpfigen Grund. Dann folgen steile Geröllpassagen, lange Schneefelder. Meine Schuhe sind nicht die besten, aber sie halten. Seit dem

Inkapfad in Peru (vgl. separates Kapitel) habe ich dazugelernt und außerdem ein Ersatzpaar dabei. Der Wind nimmt an Schärfe zu. Flaut er ab, wird es angenehm warm in der Sonne des Nachmittags. Was mich wiederum im Tragen von Shorts bestärkt …

Großflächige Wegmarkierungen leiten auf den Grat, wir erreichen den Pass. Rundherum bietet sich die beste, klare Sicht auf ein Meer aus Weiß, den Grey-Gletscher. Für mich ist das eines der eindrucksvollsten Panoramen in Chile. Sandra und ich verlieren, wie seit Beginn unserer Zweisamkeit, nicht viele Worte miteinander. Wir halten eher, würde ich sagen, einen Dialog mit der Natur, jeder für sich. Auf zwischenmenschlicher Ebene ist es in der Bergwelt gleichwohl eine absolut harmonische Zweckgemeinschaft, wie ich sie in dieser Form nie mehr erlebt habe. Die Lust auf Zündung hormoneller Freudenfeuer nach des Tages Strapazen ist automatisch gebremst. Wer sich anderweitig reichlich bewegt hat, weiß im Erschöpfungsfall auf bewegungsorientierte Freizeitgestaltung zu verzichten.

Der Steilabstieg lässt unsere Gelenke schmerzen, an einer schlüpfrigen Stelle dient ein Seil als Hangelhilfe. Ein Urknall zerreißt die Stille. Der Grey-Gletscher kalbt. Dann liegt der Gigant da, als sei nichts gewesen, ein Eismeer aus weißen Zacken und blauen Spalten, das sich in der Ferne unter Wolkenbändern verliert. Diese Landschaft lässt niemanden kalt.

Unter Baumriesen bauen wir unser Zelt auf dem Campamento Paso auf. Spielerisch leicht fahren die Zeltnägel in den Waldboden. Es ist windstill, durch das dichte Grün schimmert der Gletscher. Ein halbgares Fertiggericht und Muskelkrämpfe im Schlafsack sind das letzte, was ich vom Tag mitbekomme.

Vierter Trekkingtag

In meinem Tagebuch notiere ich: Marsch durch dichte Vegetation, rundum verschlungenes Wurzelwerk und totes Holz. Unsere Blicke tauchen in das blauspaltige Eismeer des Gletschers, dessen Zungenende am Lago Grey wir bereits einsehen können. Wir begegnen ein paar Trekkern, erreichen am frühen Nachmittag die Schutzhütte Grey. Daneben liegt ein großes Campingterrain mit einem Dutzend Zelten, Spuren von organisiertem Tourismus im Torres del Paine, auch mit Pferden. Für die Tiere ist hier Endstation, über den John-Gardner-Pass schaffen es einzig die Zweibeiner. Ein Pfad führt an glatt geschliffenes Gestein heran, darüber werfen sich Eiswände auf. Wir stellen unser Zelt auf, kochen auf offenem Feuer Spiralnudeln, während der Wind durch die Wipfel fährt. Die Zeltwände werden dem Nachtregen leider nicht standhalten.

Fünfter Trekkingtag

Wir sind bis auf die schweizerisch-deutschen Knochen durchnässt. Sturm und Dauerregen passen zu unserer anfänglich trüben Stimmung. Das Gebirge wirkt trostlos, doch plötzlich ist ein Wetterwechsel da. Einige Minuten später sieht es ganz anders aus und klart im Handumdrehen auf. Unterwegs machen wir Sonnenrast neben rosa Blütensträuchern, der Lago Pehoé empfängt uns mit tiefen Grüntönen. Die Schutzhütte Pehoé ist von gepflegtem

Gras und verstreuten Abfällen umgeben, die wahre Zivilisation scheint nicht mehr weit. In der Hütte baumeln Rucksäcke an Haken, was Schutz vor Mäusen und Ungeziefer gibt. Meine Haare fühlen sich knorriger an als ein Bergstrauch, erst in zwei Tagen werden die Dreck- und Schweißschichten in Puerto Natales so richtig aufknacken. In der Hütte erwartet uns ein beinharter Bretterschlaf, doch in der Wildnis reduzieren sich die Ansprüche auf ein Minimum. Hauptsache, ein Dach überm Kopf und warm.

Sechster Trekkingtag

Wir unterbrechen unsere große Paine-Runde und schieben einen Zusatzausflug ein, nicht, ohne die Rucksäcke in der Hütte an den Haken zu lassen. Man weiß ja nie, welches Getier sich in unserer Schmutzwäsche einnisten will. Unser Ziel, frei von Schulterlast: der sogenannte „Franzosengletscher", Ventisquero del Francés. Wir brechen früh auf, genießen eine herrliche Freisicht auf das Massiv, sehen großflächig verkohlte Baumreste. Hinter einem Kamm erreichen wir den tiefblauen Lago Skottsberg, wo der Wind Schaum auf dem See aufpeitscht. Am Trail blühen Fuchsien, die Bäume wachsen niedrig. Ohne Gepäck ist es ein Leichtes, die auf der Karte angegebene Richtzeit zu unterbieten. Wir folgen dem Weg ins Francés-Tal hinein, geradewegs auf das Massiv Paine Grande zu, gekrönt von Eis auf mehr als 3000 Metern. Über Geröllfelder erreichen wir den Ventisquero del Francés, der in höheren Gegenden Wasserfälle abwirft. Hier unten wirkt er wenig eindrucksvoll, zu sehr hat er Steine und Dreck an die Oberfläche gewälzt. Wir begeben uns auf den Rückweg zur

Hütte, nehmen die Rucksäcke von den Haken, wandern am Nachmittag am Lago Pehoé entlang. Vielleicht ist dies Chiles schönster See. Wir genießen die Traumaussichten in gleißender Sonne: der grün schimmernde Lago Pehoé als Kontrast zum gletscherbesetzten Massiv Paine Grande. Die dichte Bodenvegetation geht über in eine Ebene mit sprödem Steppengras nahe dem Río Grey. Auch diese Weite bricht sich in der Ferne an schneebedeckten Gipfeln. Der Wildnis Einsamkeit ist vorbei, erste Zäune tauchen auf. Und auf der anderen Seite des breiten, ruhigen Flusses holpert ein Jeep. Sandra und ich tauschen stumme Blicke. Zivilisationserschrecken.

An einer Stelle sind riesige, grasbesetzte Erdschollen eingesackt. Und mit ihnen ist der ureigentliche Weg verschwunden. Ranger haben für einen Ersatzpfad gesorgt. Mitten in der Wildnis finden wir – nein, zum Glück nicht den vor Wochen abhanden gekommenen US-Amerikaner, sondern: sechs Fischkonservendosen. Und zwar geschlossen und damit genießbar. Das braucht mir natürlich niemand zu glauben, ist aber trotzdem wahr. Büchsenfisch inmitten der meerfernen Einsamkeit! Es sind Geschenke des Himmels, unsere Essensreserven waren rapide zur Neige gegangen. Da ich nicht davon ausgehe, dass die Objekte aus einem Flugzeug gefallen sind wie eine Colaflasche im Filmklassiker „Die Götter müssen verrückt sein" oder sich extra jemand in der bislang nichtolympischen Disziplin des Fischkonservendosenweitwurfs versucht hat, tippe ich darauf, dass sie irgendwer bei einem Reitausflug aus den Gepäcktaschen verloren hat. Einem Wanderer wäre, denke ich, der Verlust eher aufgefallen, wenn sich eine Dose nach der nächsten aus dem Rucksack verabschiedet hätte …

Müde erreichen wir das Campingterrain Las Carretas, öffnen voller Vorfreude und Gier unsere Konservenfunde und verschlingen – bis auf das Blech – restlos alles. Die Nacht an einem Bachlauf bleibt regenfrei, doch es wird die kühlste von allen sein. Wir wärmen uns gegenseitig und bibbern uns in den Morgen.

Siebter Trekkingtag

Zwei Stunden wandern wir durch Steppengras. Unsere Vorräte sind aufgebraucht und die Rucksäcke damit erheblich leichter. Klar, unseren Müll schleppen wir trotzdem mit. Wolken umspülen das Massiv in unserem Rücken. Dann tauchen erste Häuser auf, gefolgt vom Verwaltungstrakt des Parks. Wir bekommen unsere Reisepässe zurück, rasten bei Pulverkaffee und Churrasco-Fleischbrötchen. Am frühen Mittag startet der Bus zur fünfstündigen Schotterfahrt nach Puerto Natales. An der Laguna Amarga schließt sich der Kreis, der Buslärm treibt Guanakos und Nandus in die Flucht.

Keine Frage, Steven aus Melbourne hatte Recht mit einem der „schönsten Plätze der Welt“. Und es kommt mir ein Zitat in den Sinn, das, wie späteres Googeln ergibt, Johann Wolfgang von Goethe zugeschrieben wird: „Nur wo du zu Fuß warst, bist du auch wirklich gewesen.“

Sandra werde ich nach unserem Abschied in Puerto Natales niemals mehr wiedersehen, den Nationalpark Torres del Paine schon.

„LAND DES FEUERS“, ENDE DES KONTINENTS

Es mögen die grandiosen Naturkulissen aus Bergen und Meer, es mag die entlegene Lage sein. Ich kann es nicht ändern: Im argentinischen Teil von Feuerland begeistert mich alles. Sogar der seltsamen Stadt Ushuaia kann ich etwas abgewinnen.

„Das Feuerland lässt sich als ein Bergland beschreiben, welches zum Teil in das Meer versenkt ist, so dass tiefe Buchten und Busen die Stellen einnehmen, wo Täler existieren sollten. Die bergigen Strecken sind mit Ausnahme der exponierten westlichen Küste vom Wasserrande aufwärts mit einem großen Walde bedeckt.“

Naturforscher Charles Darwin, 17. Dezember 1832

Der Landeanflug rüttelt durch. Aber so richtig. Unsere Maschine schlingert durch Sturmböen auf Argentiniens südlichste Stadt Ushuaia zu, der Pilot trotzt den Turbulenzen. Auf meinem Fensterplatz bin ich hin- und hergerissen, ob ich zuerst zur Kamera oder zum flüssigkeitsfesten Beutelchen greifen soll. Ich lege beides in Bereitschaft, atme tief ein und lasse meine innere Stimme auf mich einreden. „Nein, es muss nicht alles raus, genieße die Ausblicke", vernehme ich. „Aber milchiges Licht trübt heute die Sicht", wendet meine zweite innere Stimme in Piepston ein. Windstöße wühlen die See im Beaglekanal auf und treiben Berge an Schaumkronen vor sich her, die auf den Wellenkämmen zerstäuben. Tief unter uns ragen Felsrücken aus dem Blaugrau des eisigen Wassers, himmelwärts scheint die Schicht aus aufgedunsenen Wolkenmassen undurchdringlich. Es ruckelt aufs Neue. Gelandet, geschafft. Feuerland, welch ein Empfang!

Sieben Grad zeigt das Thermometer an diesem Januarnachmittag in Ushuaia. Es ist Hochsommer, das mulmige Gefühl bald weg. Mein Travellerquartier hat Gemeinschaftszimmer und -duschen und dürfte gerne deutlich gepflegter riechen. Egal. Ich kann es kaum erwarten, die langen, glanzfreien Straßenzüge Ushuaias wiederzusehen, über die reichlich Verkehr rollt, in denen sich sogar Ausgabestellen für Burger und Pizza finden. Zum besseren Verständnis: Ich bin begeistert! Es ist diese besondere Stimmung zwischen Meer und Bergen, die mit dem klirrkalten Wind in der Luft liegt. Weit draußen im Beaglekanal dümpeln Containerschiffe, rückwärtig steigt Ushuaias ausgeufertes Häusermeer zu den Gebirgsflanken der Sierra Martial auf. Die Hausdächer bringen ein wenig Farbe ins Bild, Sprenkel aus Rot, Rosa, Grün, Silber. In manche Vorgärten haben Chaletbesitzer ihre Satellitenschüsseln platziert.

Bruce Chatwin (1940–1989), der renommierte englische Reiseschriftsteller und Autor von „In Patagonien", konnte sich für Ushuaia nicht im Geringsten erwärmen. In „dieser offensichtlich kinderlosen Stadt" sah er Einwohner, deren Gesichter von der Kälte blau angelaufen waren und die dem Fremden unfreundliche Blicke zuwarfen. Das „einzige aufrichtige, freundliche Lächeln", so ist zu lesen, schenkte ihm eine Prostituierte, vielleicht doch in Geschäftsabsicht. Dass Chatwin eher auf Männer stand, konnte sie nicht wissen. Letztlich verließ Mister Chatwin Ushuaia „wie man einen Ort verlässt, an dem man nicht begraben sein möchte." Persönlich könnte ich mich mit der letzten Ruhe in Ushuaia durchaus anfreunden, vorausgesetzt, der Sarg ist wärmegedämmt, sonst friert man ja bis auf die Knochen, vor allem im Südwinter.

In Ushuaia bin ich Wiederholungstäter. Beim ersten Mal war ich beschwerlich über See und Land angereist, was bedeutete: vom chilenischen Punta Delgada her über die Magellanstraße, dann durch den Nordteil von Feuerlands Hauptinsel und über die Grenze; der Archipel ist seit 1881 zwischen Chile und Argentinien geteilt, die Gesamtfläche entspricht fast genau der von Niedersachsen. Die Fahrt durch Feuerlands Norden verbinde ich in meinen Erinnerungsfäden mit flachen, trostlosen Steppen- und Schaflandkulissen. Erst tiefer südlich des argentinischen Durchgangsstädtchens Río Grande begannen Traumlandschaften aus Bergen und Seen wie dem Lago Fagnano.

Alles an Feuerland ist dramatisch. Wind und Wetter, die Natur und das Schicksal der Feuerlandindios, die durch den Vormarsch der Weißen ab dem 19. Jahrhundert dezimiert, vertrieben und schlussendlich ausgerottet wurden. Erste Kontakte zu den indigenen Gruppen, die sich Yámanas, Alcalufes oder Selk'nam nannten, kamen zu Zeiten des portugiesischen Weltumseglers Magellan auf.

1520 erreichte er einen Kanal, der später seinen Namen bekam: die Magellanstraße, die den amerikanischen Kontinent vom Feuerlandarchipel trennt und die Schiffspassage zwischen Atlantik und Pazifik erheblich verkürzt. „Im Süden der Meerenge erblickten wir des Nachts viele Feuer, die den Generalkapitän veranlassten, dem Lande den Namen Tierra de los Fuegos zu geben", notierte Magellans Begleiter Antonio Pigafetta. Tierra de los Fuegos – das „Land der Feuer" war als Geografiebegriff geboren. Georg Forster, der 1772 bis 1775 mit seinem Vater und James Cook um die Welt segelte, schilderte die Ureinwohner als „elende, arme, aber harmlose Geschöpfe", als stille Menschen ohne „das geringste Zeichen von Freude", die Gesichtszüge bei Frauen und Männern gleichermaßen „hässlich", die Haare tranverschmiert. Forster fiel auf, dass sie „rohes, halbverfaultes Seehundsfleisch" aßen und auf ihren Kanus über Steinen und einem Haufen Erde beständig ein Feuer unterhielten, die Kinder aber trotzdem bibberten. Auf den jungen Charles Darwin, Jahrzehnte später unter dem Kommando von Robert Fitz Roy an Bord des Vermessungs- und Forschungsschiffes Beagle im Archipel unterwegs, machten die „Wilden" einen ebenso bemitleidenswerten Eindruck. Bei einer der Begegnungen Ende 1832 sah Darwin die „elendsten Geschöpfe, die ich irgendwo gesehen habe". Der Aufzug war ihm unbegreiflich: „Diese Feuerländer aber in dem Canoe waren völlig nackt, und selbst eine ganz erwachsene Frau war absolut nackt." Und: „Des Nachts schliefen fünf oder sechs nackte und kaum vor dem Winde und Regen dieses stürmischen Klimas geschützte Wesen auf der Erde, wie Tiere zusammengekrümmt." Darwin ging davon aus, dass sie oft an Hungersnöten litten.

Die weiße Besiedlungsgeschichte von Ushuaia war weder auf Handel noch Tourismus fixiert, den heutigen Haupteinnahmequellen. Den Anfang machte 1869 ein anglikanisches Missionshaus, 1884 gefolgt von einer militärischen Expeditionsvorhut, die eine Subpräfektur ins Leben rief und drei Jahre nach dem Grenzvertrag mit Chile ein Hier-sind-wir-Zeichen gegenüber dem Landesnachbarn setzte. 1902, als Ushuaia gerade etwas mehr als drei Dutzend Häuser umfasste, entstand das Gefängnis, das bis 1947 existierte. Hinter der Gründung der Sträflingskolonie steckte die Idee, Feuerland nicht zuletzt mit Hilfe der Gefangenen zu kolonisieren. Das expandierende Gefängnis bauten die Gefangenen selbst, das Material wurde aus dem jetzigen Feuerland-Nationalpark mit Hilfe eines Bähnchens herangeschafft. An Wintertagen waren manche Sträflinge über den Holzeinschlag hinaus dazu abgestellt, die Gleise vom Schnee zu befreien. In touristischen Zeiten nahm der Zug andere Züge an. Aus der Strecke erwuchs die „Bahn ans Ende der Welt", Tren del Fin del Mundo, und aus dem großen Gefängnis ein Museumskomplex, den ich gerade erkunde. Wie mag es gewesen sein, als das Ganze mit Insassen in Knöchelschellen und typisch gestreifter Sträflingskluft gefüllt war? Wie mag es gerochen haben? Besser als in meinem Quartier? In einem Jahr wie 1934, werde ich nachlesen, saßen 538 Gefangene ein, es kam zu sechs Todesfällen und 2667 Krankheitsfällen, wovon 127 Behandlungen auf Syphilis entfielen. Da hatte manch einer sein Genitalsouvenir nach Feuerland eingeführt …

Ergänzend zu den Museumsbereichen mit Bootsmodellen und langen Gängen fungiert das einstige Gefängnis nunmehr als Kulturadresse. An selber weltferner Stätte, in die Massenmörder wie Mateo Banks und Cayetano Santos Godino, aber auch unliebsame Regimegegner abgeschoben wurden, gibt es Tanzwerkstätten, Schachturniere, Fotoworkshops, Filme, Vorträge, Konzerte, Ausstellungen. Fehlen nur noch Kochkurse zum Thema „Die leckersten Gerichte aus der historischen Gefängnisküche".

Den Wandel der Zeiten hält nicht zuletzt Ushuaia selbst vor Augen. Unterfüttert von Anreizen der Zoll- und Steuervorteile, leben heute einige zehntausend Menschen hier. Kilometerlang zieht sich die Stadt am Meer entlang, in den Straßen geht es geschäftig zu. Bäckereien, Andenkenshops, Autoverleiher, Café-Bars mit 24-Stunden-Service, Läden mit Uhren, Feinkost, Handys und Computerspielen der neuesten Generation. Die Angebote zum Zeitvertreib in Ushuaia halten sich in Grenzen. Es sei denn, man geht ins alte Gefängnis.

Am Abend fällt meine Wahl in einem der zahlreichen Stadtrestaurants auf Forelle mit gedünstetem Gemüse. Allzu satt macht es nicht. Und mein Hostal ist nicht die größte Erholungsoase. Über Nacht erschüttern Schnarchattacken fremder Mitschläfer den Holzbau mit seinen dünnen Wänden.

Ausflugsmagnet ist der Feuerland-Nationalpark im Westen von Ushuaia. Wie sehr ich – aller Massenzuströme zum Trotz – diese raue, wildromantische, ungezähmte Natur liebe, die ich durchwandere! Nun ja, ich bin auch selber Teil der Masse, aber als Einzelner verdrängt man das gerne. Am Lago Roca und auf dem Río Lapataia fotografiere ich Gänse, nehme die Färbung der „Grünen Lagune“, Laguna Verde, in mich auf. Der Weg zur „Schwarzen Lagune“, Laguna Negra, ist von Minifarnen, abgestorbenen Bäumen und Aufsitzerpflanzen gesäumt. Eine Flechtenart heißt treffend „Altenbart“, Barba de viejo. Die Laguna Negra hält, was ihr Name verspricht; das Wasser ist pechschwarz. Für Farbkontraste in den Moorgebieten sorgt der gelb-grün-rote Bodenflor. Federnder Waldboden führt mich zu einem Biberbau mit abgenagten Stämmen und Zweigen. Im Inland haften Schneekappen auf den Bergen, an der Küste erreiche ich eine besonders schöne Bucht, die Bahía Lapataia. Ich sehe Felseninseln mit Möwen, brodelnde Brandung, ein Krabbenfischerboot. Das Grün der Pflanzenwelt sticht regelrecht in die Augen, prägnante Baumart im Park ist die Antarktische Südbuche. Ich schlage mich über ausgewiesene Wege voran, komme hinter einer Wiesenlandschaft an einer anderen Bucht heraus. Der Wind heult, die Wellen peitschen, am Ufer liegt Treibholz. Nackte Felsmassive geben den Kontrast zu ferneren Bergriesen ab. Ich lasse mich an einem hufeisenförmig geschwungenen Steinstrand nieder, entferne Kletten aus meinen Socken. An den Buchtauslauf stößt eine Landspitze hinzu, die einer großen Haifischflosse gleicht.

Zurück in Ushuaia, erinnere ich mich, dass ich beim ersten Aufenthalt hier Silvester mit Annie aus Ecuador gefeiert hatte. Wir gingen an die Promenade und stießen bereits eine Stunde vor dem Jahreswechsel mit argentinischem Rotwein in Plastikbechern an. Um zehn vor zwölf war es noch so hell, dass man ohne künstliches Licht hätte lesen können. Glockenschlag Mitternacht begannen überall Schiffssirenen zu heulen. Leuchtkugeln und Feuerwerk schossen in den hell gebliebenen Himmel. Wir blieben an der Promenade sitzen, bis es still und dunkel wurde und wir die Sterne sahen. Auf dem Weg ins Hostal herrschte noch Lärm in der Hauptstraße, von der sich Nebenstraßen wie Fischgräten abspreizten. Musikboxen standen vor den Türen, einige Leute hielten sich mit Tanz bei Niedrigtemperaturen warm.

In Ushuaia räume ich ein, dass mich manches befremdet. Hausgemachte Schokoladen zum Beispiel, was die Frage aufwirft, wie weit der nächste Kakaobaum sein mag. Oder ein Verweis auf den Golfplatz, der sich als „südlichster des Planeten" vermarktet. Einen kombinierten Bootstrip zur „Seelöweninsel", Isla de los Lobos, und zur „Vogelinsel", Isla de los Pájaros, werte ich tendenziell als Touristennepp. Doch dann blicke ich unterwegs übers Meer auf diese gewaltigen Zacken und Spitzen über Ushuaia und kann mir nicht helfen: Im „Land des Feuers" gibt es nichts, was meinen Gesamteindruck ansengen könnte. Zwischen Eiswinden, weitem Himmel, rauen Bergen und grimmiger See wiegt die Ende-der-Welt-Stimmung im Süden des Kontinents alles, restlos alles, auf.

WILDE WELTEN AUS EIS

Er kalbt. Ein massiges Stück bricht aus der Frontwand und kracht in den Eisschollenkanal. Dann scheint er sich zu beruhigen, doch so richtig Ruhe gibt er nie. Der Perito Moreno lebt und wächst und ist einer der spektakulärsten Gletscher in Südamerika, gelegen in Argentiniens Nationalpark Los Glaciares.

„Der Prozess des Bruchs des Gletschers Perito Moreno endete gestern am frühen Morgen wenige Minuten nach 3.30 Uhr, als der größte Eisblock zerfiel."

Radiobericht zum Durchbruch der Eissperre des Perito Moreno im März 2012

Patagonien, das ist Unendlichkeit, in der sich mein Gefühl für Zeit und Raum verliert, eine Weite, die alles aufzusaugen scheint, was sich in ihr bewegt. Das ist Magie, das ist Staub, unendlich viel Staub, der gnadenlos durch Fahrzeug- und Unterkunftsritzen zieht. Schneidende Winde, mehr Schafe als Menschen, Pisten, Pampagräser bis zum Horizont, zumindest im Ostteil Patagoniens, der auf Argentinien entfällt und südlich des Río Colorado beginnt. Je weiter südwestwärts ich reise, den Anden entgegen, desto urgewaltigere und eisigere Züge bekommt die Natur.

Startpunkt für den Tourklassiker zum Gletscher Perito Moreno ist El Calafate, ein von Winden geschütteltes Städtchen, eine Großoase im vermeintlichen Nirgendwo, in architektonischem Wildwuchs an den Lago Argentino gewürfelt, dessen Seefläche in Farbnuancen zwischen Türkis- und Dunkelblautönen pendelt. Der Stadtname leitet sich vom Calafate-Strauch mit seinen essbaren Beeren ab, doch was in El Calafate umfangreicher gedeiht, ist der Kommerz. Unterkünfte und Restaurants en masse, Touranbieter, ein südargentinischer Fixpunkt für Traveller aus aller Welt. Kein Wunder, denn der Gletschernationalpark Los Glaciares, El Calafates natürliches Kapital, ist von hier bestens erreichbar. Die atemberaubende Szenerie aus Eiswänden, Zinnen, Zacken, Schollen und tiefblauen Spalten hält sich jedoch vorerst versteckt.

Unsere Überlandfahrt ab El Calafate steuert langsam, wie im Film, auf ihren Höhepunkt zu. Obgleich es mein zweiter Besuch am Perito Moreno sein wird und ich weiß, was kommt, bin ich gespannt wie bei der Premiere. Den Auftakt macht typisch patagonisches Steppenland, über das im Jahresmittel spärliche Regenmengen niedergehen. Ein trockenes, ödes Gebiet der Landgüter, Estancias. Ein Gebiet der Schafweiden, der Einsamkeit, der kilometerlangen Zäune. „Hier leben immer noch Pumas“, sagt unser Guide, „die können in einer einzigen Nacht zehn bis fünfzehn Schafe reißen.“ Was er verschweigt, sind die tragischen Ereignisse auf der nahen Estancia Anita, auf der 1921 ein Landarbeiterstreik vom Militär mit kaum vorstellbarer Grausamkeit niedergeschlagen wurde. Hoch am Himmel lenken mich Kondore von den Gedanken an die

Tragik jener Geschichtsepisode ab. Wir stoppen, schauen uns Gras- und Buschwerk an, Calafate-Sträucher. Ein hoher Strauch soll der Ursprung des Städtchens El Calafate gewesen sein, erzählt unser Begleiter: „Da suchten die Leute beim Transport von Wolle von den Estancias zur Küste immer Schutz und trafen sich. Dann entstand da ein Handelsshop, schließlich ein erstes Hotel." Offiziell gegründet wurde El Calafate 1927. Zum Glück sind wir nun weit weg vom dortigen Trubel, verfolgen auf der ruppigen Strecke vom Kleinbus aus den Wechsel der Landschaften. Wir kreuzen ein Becken. Die Steppe geht in niederschlagsreichere Gegenden über. Wald- und Wiesenbeläge überziehen die Hügel. Der Brazo Rico, ein Seitenarm des Lago Argentino, glitzert andersartig grün. Eiswinde peitschen über den See und sturmgebeugte Südbuchen hinweg. Beim nächsten Stopp will es mir kaum gelingen, die Kamera still zu halten. Die Szenerie gewinnt an Dramatik. Aus Hügeln werden Berge, aus versprengten Eisstücken auf dem Seearm kompaktere Massen. Und schließlich ist „er" da, der Star aller Gletscher, der sich nicht im Südlichen Patagonischen Eisfeld versteckt, sondern sich seinen Bewunderern in mehreren Kilometern Breite und Frontwandhöhen von stellenweise über 60 Metern präsentiert: der Perito Moreno. Wie eine Großleinwand aus Weiß und Blau liegt er da drüben, wild modelliert, ein ausgebreitetes Gesamtkunstwerk. Die frostigen Formen glitzern in der Sonne, im Hintergrund steigen die Blicke zum Weiß der Berge auf, zum Cerro Moreno, Cerro Asunción, Cerro Lechuza. Höchster Punkt in der grenznahen Gegend zu Chile ist der Cerro Pietrobelli, knapp 3000 Meter hoch. Dort kommt der Perito Moreno her, spannt sich über eine Fläche von mehr als 250 Quadratkilometern, bringt es auf eine Länge von etwa 30 Kilometern. Hier stehen wir dem Ende dieser bizarren Zaubermasse gegenüber, die überwältigt und sprachlos macht. Ich beziehe Beobachtungsposition an einem Steinmäuerchen, wechsle später einige Male die Blickwinkel, lasse die Bilder still in mich einströmen. Bilder eines tausendfach aufgesplitteten Meers aus Rissen und Kanten, Quer- und Längsspalten, Hörnern, Zacken, Brücken, Fingern. Mittendrin knirscht und knackt und bröckelt es. Nichts wird morgen exakt so aussehen, wie es heute ist. Der Gletscher lebt und wächst, bis er sich soweit vorschiebt, dass er den See blockiert und zwischen Nord- und Südarmen des Lago Argentino eine Eissperre entsteht. Die Höhenunterschiede der beiden Gewässerseiten sind dann meterhoch, der Wasserdruck nimmt zu, bis es nicht mehr geht. Im Schnitt kommt es alle acht Jahre zum spektakulären Durchbruch, einer Ruptura; in jüngerer Vergangenheit ist die Frequenz des Naturschauspiels gestiegen. Nach der Ruptura beginnt der Perito Moreno aufs Neue, sich landwärts sein Terrain zu erobern.

Der Gletscher ist nah und für Besucher durch die erhöht gelegenen Pfade und Panoramapunkte auf der Gegenseite des „Kanals der Eisschollen", Canal de los Témpanos, doch in sicherer Entfernung. Ich sehe und höre, wie ein ums andere Mal Stücke in den Kanal herausbrechen. Wenn er kalbt, zerreißt es die Stille. Dann können Eisbrocken umherfliegen und kleine Flutwellen auslösen. Besucher, die über die Absperrungen klettern, um auf der

Suche nach dem spektakulärsten Selfie ans Seeufer zu gelangen, brächten sich in Lebensgefahr. Die Geschichte verbürgt einige Dutzend Todesopfer am Perito Moreno, der nach dem Forscher Francisco Pascasio Moreno (1852–1919) benannt ist. Dank seiner Kenntnisse Patagoniens wurde Moreno als Sachverständiger, Perito, bei der Frage des historisch immer wieder strittigen Grenzverlaufs mit Chile eingesetzt.

Weitaus größer als der Perito Moreno ist der Upsala (mit einem „p"), dessen Name sich von der schwedischen Stadt Uppsala (mit zwei „p") ableitet. Tage später steht dieser andere blauweiße Riese im Nationalpark Los Glaciares auf meinem Programm einer Schiffstour. Eisberge wie aus dem Bilderbuch treiben uns entgegen, der kristalline Glanz sticht in den Augen. Nah an die Frontwand des Upsala geht es im Vergleich zum Perito Moreno leider nicht. Wir halten uns im Boot auf reichlich Distanz, trotzdem will ich ihm so nah wie möglich sein und trete hinaus an die Reling. Es dauert nicht lange, bis ich spüre, dass mir die Tränen in den Augen stehen. Was am Eiswind liegt, nicht an der Enttäuschung, nicht näher an den Upsala herangekommen zu sein. Wobei eines ohnehin feststeht: So einen wie ihn, den alles in den Schatten stellenden Gletschergiganten Perito Moreno, gibt es halt kein zweites Mal.

STREIFZÜGE DURCH BUENOS AIRES

Buenos Aires ist nicht Argentinien, aber Argentinien ist auch Buenos Aires. In der Millionenstadt am Río de la Plata pocht das Herz des Riesenlandes. Die Entdeckungen halten manch kleine Überraschung bereit.

„Wir errichteten dort eine Ansiedlung, genannt Buenos Aires; das heißt auf Deutsch: gute Lüfte. Aber unsere mitgebrachten Vorräte gingen bald zur Neige, und Jagd und Fischfang waren wegen der feindseligen Indianer unmöglich. Wilde, hungrige Tiere kamen über die Absperrungen und rissen Menschen."

Landsknecht Ulrich Schmidl (um 1510–1580/1581) in „Warhafftige Historien einer wunderbaren Schiffahrt" über die Gründungsanfänge von Buenos Aires

Die Polizei, dein Freund und Helfer? Der Uniformierte, der gerade vor mir steht, stellt auf meine Frage nach dem Wohin zur Busstation zumindest eine Bedingung. Wenn er mir den Weg beschriebe, müsse ich ihm im Gegenzug beibringen, was „mujer linda" auf Deutsch heißt. „Hübsche Frau" also. Es steht zu befürchten, dass er es irgendwann bei einer Landsfrau von mir als Kompliment einsetzen will, um über charmante Grundsprachenkenntnisse und dunkeläugigen Hundeblick den Weg in die Horizontale zu ebnen. Hier scheint wieder jemand an handelsüblichem Testosteronüberschuss zu leiden. Selbst schuld, wenn ich in Argentinien einen Polizisten nach dem Weg frage. Fest steht, dass seine Wegbeschreibung deutlich weniger Zeit in Anspruch nimmt als meine gewissenhaft betriebene Sprachlektion zweier Worte. Es dauert zehn Versuche, auch dann sitzt die Aussprache nicht. Der Polizist scheint ein hoffnungsloser Fall zu sein und sein Talent sich eher darauf zu beschränken, aus allen Rohren zu schießen.

Es ist einer meiner ersten Eindrücke bei der erneuten Rückkehr nach Buenos Aires, Argentiniens allgewaltiger Hauptstadt. Die Stadt der Plätze und Parks. Die Stadt der politischen Selbstherrlichkeit und Skandale. Die Stadt der Theater und des Tangos. Die Geburtsstadt von Papst Franziskus und Meisterliterat Jorge Luis Borges. Touristisch sieht mein Koordinatensystem in Buenos Aires so aus wie bei vielen anderen Besuchern: Plaza de Mayo, Kathedrale, Präsidentenpalast, Fußgängerzonen, Puerto Madero, die Ufer des weiten, schlammigbraunen Río de la Plata. Dazu das Grab der allzu früh verstorbenen First Lady Eva „Evita" Duarte de Perón (1919–1952) auf dem Megafriedhof La Recoleta, das bunt herausgeputzte Gässchen „Caminito" im Stadtteil La Boca, die Viertel Palermo, San Telmo und Barrio Chino. Nicht zu vergessen die vielspurige Avenida 9 de Julio samt ihrem Obelisken und dem 1908 eröffneten Teatro Colón, einem Opernhaus von Weltruf, wo ich mich einem Rundgang durch die Sphären aus historischer Marmorpracht, Kronleuchtern, Büsten, roten Läufern und bleischweren Logenvorhängen anschließe. Die Akustik im Saal gilt als perfekt. „Hier im Teatro Colón haben sogar schon Pferde und Elefanten auf der Bühne gestanden", sagt die Führerin. Damit meint sie wahrscheinlich nicht solche Tenorspeckmassen wie Luciano Pavarotti und Plácido Domingo, die vor langer Zeit ihre Auftritte feierten. Dann schwenkt sie in ihren Ausführungen zum Präsidentenbalkon über, der einen Geheimgang zur Straße besitze. Außerdem stünden dem Staatsoberhaupt, ob gerade Sie oder Er, eigene Räumlichkeiten samt Bar und Toilette zur Disposition. Wer weiß, was sonst noch gefügig zur Verfügung steht. Soweit die Zeugnisse der Klassengesellschaft.

Den schönsten meiner Buenos-Aires-Aufenthalte verbringe ich mit meinem alten Freund Wilfrid, der seit einiger Zeit in der Stadt lebt. Er kennt jedwedes Schlangestehen in der Millionenmetropole und weiß, dass man überall ein gewisses Zeitpolster braucht. Er kennt die Verkehrshackordnung, die da lautet: Groß vor Klein und Alt vor Neu, Fußgänger am kaum mehr messbaren Ende der Skala. Er kennt die Familie Martini, bei der wir im Cityapartment wohnen und übermorgen auf dem Land zum Grillen eingeladen sind. Er kennt aber noch keine Tangoshow in diesem Schuppen am Abend, in dem wir die touristenneppige Billigvariante wählen. Und bei der kommt es wie so oft im Leben: „You get what you pay for." Zwei Getränke sind im Eintritt inklusive und mit Abstand das Beste. Ein einziges Pärchen wirbelt verloren und ein paar lustlose Tangostücke lang durch den grottengleich aufgezogenen Raum, einige Einzelsänger treten auf. Das war's. Dass ich mich zwischendurch auf dem Klo übergeben muss, liegt nicht an der jämmerlichen Darbietung, sondern an einem zuvor am Tag konsumierten Grillteller, bei dem mir körperfremde Darm- und Euterstücke auf den Magen geschlagen sein müssen. Argentinier legen solch befremdliche Dinge auf den Rost, dass sie den Kulinariatests im RTL-Dschungelcamp zur Ehre gereichen würden. Im nächsten Restaurant setze ich wieder auf ein fettes, saftiges Steak, bei dem man erkennt, was es ist. Dass unsere Biere dazu in Champagnerkelchen serviert werden, ist wohl kein allgemeiner Usus. Vielleicht glaubt der Kellner, Wilfrid und ich hätten Hochzeitstag. Oder seien zumindest Lebensabschnittsgefährten, weil wir uns so innig und angeregt unterhalten. Ebenso wenig scheint es den Landessitten zu entsprechen, dass gegen Ende unseres Mahls zwei Müllmänner das Restaurant betreten, mit geschulterten Tonnen aus der Küche kommen und an uns vorbei den Speiseraum durchmessen, wobei ihnen ein Schweif aus nicht unerheblichen Rüchlein nachfolgt. Weil mir die Szene sonst niemand glaubt, halte ich sie geistesgegenwärtig fotografisch fest und gewähre auf Nachfrage Einsicht.

Die Tage sind gefüllt mit weiteren Episoden, von denen mir vier besonders im Gedächtnis geblieben sind:

1. Ich suche die Tourismusabteilung der Provinzvertretung von Corrientes auf, brauche ein paar Unterlagen für die Reise dorthin. Ein Mann bittet mich freundlich an seinen Schreibtisch und beginnt, über seinen schweren Kopf zu lamentieren. „Krank, das Wetter vielleicht?", frage ich,

um die Unterhaltung anzukurbeln. „Nein, der Alkohol", antwortet er in betäubender Ehrlichkeit, unterlegt mit einer deutlichen Fahne. Er will ein paar Anrufe für mich tätigen. Weder sein noch das Telefon im Nachbarraum funktioniert.

2. In der Metro sitzt eine nette Dame neben mir, beginnt ein Gespräch und sagt, sie sei Chemielehrerin. Ob ich wisse, dass in der U-Bahn das billigste Material für Verkleidungen und dergleichen verwendet worden sei? Als Expertin in Chemie habe sie dafür ein Auge. Es sei eine „porquería de plástico", eine „Schweinerei aus Plastik".

3. In Shorts komme ich an einem heißen Südsommertag nicht auf die Pferderennbahn, was ebenso für einen älteren Argentinier hinter mir gilt, der sogar Bermudas und Kniestrümpfe trägt und bei dem nur ein Ministück blassen Beinfleisches herausschaut.

4. Dagegen glänzt die Damenmode vielfach durch Abwesenheit. Und zwar die Abwesenheit von Stoff an diversen Stellen. Würde ich all die knackigen Bilder entrollen, die nicht meiner Fantasie entstammen, sondern auf nackten Tatsachen fußen, könnte mir das als sexistisch ausgelegt werden. Also breite ich darüber den Mantel des Schweigens. Und zwar über Front- und Rückansichten.

Zu Gast bei Familie Martini lerne ich, wieviel Zeit ein Essen in Argentinien verschlingen kann. Zum Glück liegen weder Därme noch Euter auf dem Grill. Zwischen Steak und Wurst und Steak wollen die Mitglieder der Familie wissen, was man in Deutschland über Argentinien denke und wie ich das Verhältnis beider Länder in Zukunft sehe. Dass ich bei Endspielen von Fußballweltmeisterschaften möchte, dass Deutschland immer 1:0 gewinnt, sage ich selbstverständlich nicht.

DAS GROLLEN IM RACHEN DES TEUFELS VON IGUAZÚ

An zwei Länder stoßen die mächtigsten Wasserfälle des Kontinents. Auf argentinischer Seite heißen sie Cataratas del Iguazú, auf brasilianischer Cataratas do Iguaçu. Der Name stammt aus der Sprache der Guaraní-Indios. Iguazú/Iguaçu bedeutet einfach „großes Wasser". Fazit: Das Wasser ist wirklich groß – und laut!

„Diese Wasserfälle
sind das große, grünblaue Lachen
von Mutter Erde,
die sich
in schallendem Gelächter losreißt –
in diesem Paradies
aus Pflanzen und Tieren,
genannt Iguazú."

US-Dichter Franciso X. Alarcón in
„Animal Poems of the Iguazú", 2008

Das Murmeln schwillt zu unbändigem Donner an, die ferne Gischt verdichtet sich zu schäumenden Streifen, weißen Wänden. Kein Zweifel, hier wüten unbändige Kräfte der Natur. Das Weltwunder der Wasserfälle von

Iguazú ist ein Großmosaik im Grün des Dschungels, verteilt auf ein 2,7 Kilometer breites, durch Inseln unterbrochenes Fächersystem mit 275 größeren und kleineren Fällen, was wiederum von Jahreszeit und Wasserstand abhängt. Urheber des Ganzen ist der Rio Iguaçu, der nach knapp 1300 Kilometern aus der brasilianischen Serra do Mar und durch Regenwaldgebiete, die nicht dem Kahlschlag zum Opfer gefallen sind, über Steilkanten in die Tiefen stürzt. Die Vorspiele geben Stromschnellen und die immense Verbreiterung des Flusses ab, bis es an einer mächtigen, u-förmigen Basaltschwelle kein Halten mehr gibt. Die meisten Wassermassen verschlingt der 80 Meter hohe „Rachen des Teufels", der auf Spanisch Garganta del Diablo, auf Portugiesisch Garganta do Diabo heißt. Wer an den Teufelsschlund herantritt, braucht fast Gehörschutz. Und möglichst wasserdichte Kleidung.

Wie die gewaltigen Fälle entstanden, erzählt eine Geschichte aus dem Legendenschatz der Ureinwohner. Demnach war der Rio Iguaçu eigentlich ein sanft dahinziehender Strom, an dessen Ufern die Caingangues-Indios lebten. Der vom Kaziken Ignobi angeführte Stamm verehrte den Schamanen M'Boy als Schlangengott, der gelegentlich nach Opfern verlangte. Eines Tages war die Reihe an Ignobis Tochter Naipi, doch Tarobá, ein unsterblich in Naipi verliebter Krieger, entschloss sich, das Schicksal abzuwenden. Naipi empfand dasselbe für Tarobá und war zu allem bereit. Den Liebenden kam der Rio Iguaçu zu Hilfe. „Kommt her", wisperte der Fluss und verhalf ihnen in seinem Bett zur Flucht im Kanu. Als M'Boy davon Kenntnis erlangte, geriet er außer sich vor Zorn. Ohne Rücksicht auf Felsen und Erdrutsche grub er seine Riesenhände in den Fluss und wühlte den Grund derart auf, dass das Wasser aus großer Höhe niederzustürzen begann. So entstanden die Fälle von Iguaçu. Was mit dem Liebespaar geschah? Der Schamane spürte sie auf und nahm Rache. Naipi verwandelte er in einen Fels, Tarobá in eine Palme.

Im wahren Leben bekam der Konquistador Álvar Núñez Cabeza de Vaca (um 1490–1557) die Fälle als erster Weißer zu Gesicht. Ende des 19. Jahrhunderts startete eine touristische Pionierexpedition zum damals entlegenen Wasserwunder, um das in den 1930er-Jahren bereits Nationalparks entstanden: auf argentinischer Seite der Parque Nacional Iguazú, auf brasilianischem Terrain der Parque Nacional do Iguaçu. Dies hat Entwicklung und Umfeld allerdings nicht vor Hotelblocks bewahrt, vor Zufahrtsstraßen, Sightseeingpromenaden, motorisierten Abenteuertouren, Helikopterflügen, Kommerzauswüchsen mit Essens- und Souvenirständen. Es riecht eben nicht nur nach Dschungel, sondern auch nach großem Geschäft. Derlei Antinaturschutz ist vergessen, wenn ich krachenden Wasserwänden wie dem zu Brasilien gehörigen Salto Floriano direkt gegenüberstehe, weggewischt von den Eindrücken, vom Sprühwasser, das auf meiner Haut niedergeht. Etwas abseits verfolge ich den Schwirrflug bläulich schimmernder Morphofalter, sehe Schmetterlinge in leuchtendem Gelb und Orange, Tukane, Nasenbären. Länderübergreifend stehen in den Nationalparks über 2000 Pflanzen-, 450 Vogel- und 80 Säugetierarten unter Schutz.

Strategische Einstiegspunkte an die Fälle sind das brasilianische Foz do Iguaçu und das argentinische Puerto

Iguazú. Da die Seiten nicht miteinander verbunden sind, ist eine große Inlandsschleife nötig, aber welches der beiden Länder ist für „alle Fälle" besser? Ich bin mehrfach hin- und hergefahren und ebenso hin- und hergerissen und zu dem Schluss gekommen: Brasilien garantiert den kompakteren Gesamtüberblick, während Argentinien die abwechslungsreicheren Perspektiven erlaubt. Der größere Anteil entfällt ohnehin auf Argentinien. Dort sind die Erlebniseffekte breiter gestreut: auf Wegen, Stegen und Aussichtspunkten, wo kleinere Fälle in Schluchten schießen und ihr gigantisches Rauschen aus der Tiefe zurückwerfen. Manche Wasserwände spüre ich geradewegs auf mich zukommen, doch keine Sorge: Es ist gefahrlos und touristisch weithin abgegrast. Was nichts an den spektakulären Eindrücken ändert. Nur als „Abenteuer" vermag ich es nicht zu etikettieren.

Highlight auf argentinischer Seite – und der gesamten Fälle – ist der unmittelbare Blick in den „Teufelsschlund". Dem voraus geht die Fahrt im sogenannten „Ökologischen Dschungelzug", Tren Ecológico de la Selva, bis zur Station Garganta del Diablo, danach zu Fuß über Stege, bei denen niemand garantieren kann, ob sie nicht, wie ihre Vorgänger, wieder einmal weggerissen werden. Am Ende schieben sich waghalsig angelegte Aussichtsbalkone an die Absturzkanten. Der Lärm verschluckt jedes Wort, Gespräche verebben automatisch. Wütend schicken die Fälle Mitre, Unión und Benjamín Constant als Gruß ihre Gischt nach oben – und die kann je nach Wind fürwahr diabolisch sein und Menschen wie Kameras durchtränken. Wer Annäherungsversuche an den Satan betreibt und ihm direkt ins Maul schaut, muss damit rechnen. Dann zaubert die Sonne einen Regenbogen über die Wassermassen – ein grandioses Schauspiel der Natur.

„Arme Niagarafälle", soll so oder ähnlich US-Präsidentengattin Eleanor Roosevelt (1884–1962) beim Anblick von Iguazú ausgestoßen haben. Niagara ist wirklich ein nasser Abklatsch dagegen, das weiß ich aus eigener Anschauung. Für mich sind die Wasserfälle von Iguazú die schönsten der Welt, wobei ich einräumen muss, bislang nicht in Afrika an den Victoriafällen gewesen zu sein und den vielleicht entscheidenden Vergleich angestellt zu haben. Und so vergleiche jeder selber.

DIE HISTORISCHEN MISSIONEN DER JESUITEN

Paraguays ländliche Ziele liegen abseits jedweder Mainstreams, da machen zwei alte Missionsstationen der Jesuiten im tiefen Süden keine Ausnahme: Jesús de Tavarangue und Santísima Trinidad, Kulturerbestätten der Menschheit.

„Die Indios müssen frei vom harten Sklaventum und der persönlichen Knechtschaft sein."

Roque González de Santa Cruz, einer der maßgeblichen Gründer von Jesuitenmissionen, in einem Brief aus dem Jahre 1614

Aus dem Radio schmalzen Lieder von Herz und Schmerz. In die triefenden Melodien mischt sich der Steinschlag gegen den Unterboden des Busses. Die ruppige Straße streckt sich durchs Grün, der aufgewirbelte Staub legt sich auf Mais- und Sojafelder, Rinderweiden und wiederaufgeforsteten Eukalyptus. Plötzlich ist Schluss, die letzten Kinder steigen fröhlich lärmend aus, von den Schnulzen erlöst. Der Fahrer lächelt mir, dem Fremden, zu und nickt. Will heißen: Endstation, Jesús de Tavarangue, kurz Jesús.

Ein typisch paraguayisches Dorf, weit im Nordosten der Stadt Encarnación gelegen. Die Häuser bestehen aus Ziegeln, Holz und Wellblech. Jesús ist rasch überschaubar, ein paar lange Straßenzüge kurz. Hier regiert die Ruhe, hier steht die Hitze, hier sitzen die Paraguayos – auf Stühlchen aus Metallgestänge und Plastikriemen – im Schatten vorm Haus und beäugen das spärliche Leben. Nicht ohne Kalebasse für den Tereré in der Hand, jenen kühlen Kräuter- und Nationalaufguss, den man bis zum schlürfenden Ende durch ein Metallröhrchen zieht. Monumentalität, wie sie hinter der Biegung am Ende des Dorfes auftaucht, wirkt hier und heute befremdlich. Aus dem Wiesengrün ragen mächtige Wände aus rostroten Ziegeln – die alte Kirche der Mission.

Ich stutze. Beim Eintritt durchs Hauptportal breitet sich ein angedorrter Wiesenteppich bis zum Altar aus. Ohne den Schutz eines Daches glüht die Sonne hier gnadenlos nieder, mitten ins Gotteshaus hinein und auf die Reste von Mauern und Pfeilern. Die Fensterhöhlen sind, als hinge ein Aquarell vor mir, mit dem Blau des Himmels ausgefüllt. Trotz aller Restaurierungsmühen gibt die Kirche mehr Gerippe als Körper ab und kann ihren einstigen Verfall nicht verhüllen. Die Gesamtanlage von Jesús gilt indes als eines der besten Beispiele einer Reducción jesuítica, einer von den Jesuiten initiierten Missionssiedlung.

Es war das heilige Experiment der Jesuiten, die vielfach titulierten „Wilden der Neuen Welt" in entlegenen Landstrichen Südamerikas zu bekehren. Zu Beginn des 17. Jahrhunderts begannen die Patres im Kern des Kontinents ein umfassendes Missionswerk. Ziel war es, im heutigen

Grenzraum von Paraguay, Argentinien und Brasilien verstreut lebende Guaraní-Indios in Siedlungen zusammenzuführen, an ein Leben in christlicher Gemeinschaft zu gewöhnen und natürlich alte Weltanschauungen durch den neu injizierten Glauben zu ersetzen. Reducciones, portugiesisch: Reduções, so hießen die Dörfer, die sie für sich und ihre Schutzbefohlenen inmitten unberührter Urwald- und Flussgebiete gründeten, wo vornehmlich das Boot als Transportmittel diente. Innerhalb weniger Jahrzehnte bauten die Jesuiten in der Nachfolge ihres spanischen Gründers Ignatius von Loyola eine regelrechte Missionsrepublik auf. Ihr Netz umfasste über 30 Dörfer mit etwa 100 000 Guaraníes; die gewagtesten Schätzungen führen bis zu 200 000 an. Die Anfänge waren alles andere als einfach. Die Eingeborenen, oft genug erprobt in blutigen Stammesfehden, galten als kriegerisch. Einige Missionare, die bei ersten Begegnungen mit Musik und Geschenken Vertrauen zu schaffen suchten, bezahlten die Kontakte mit ihrem Leben.

„Casa de indios", lese ich inmitten der Ruinenstätte von Jesús. Das winzige Schild über Fundamenten und kniehohen Pfeilern zeigt an, wo sich einst ein Teil der Indiohäuser befand: in Sichtweite zur Kirche, auf der Gegenseite des alten Hauses der Patres. Die Grundstruktur in den Jesuitenreduktionen war stets die gleiche. Rund um den weiten Zentralplatz eines Missionsdorfes gruppierten sich die Eckpfeiler des Lebens: das Gotteshaus, die Schule und die Werkstätten, in denen manche Indios zu Meistern der Malerei, der Steinmetzkunst und Schnitzerei erwuchsen. Dies wiederum kam den Kirchen zugute, die im

Barockstil oft reich ornamentiert und mit Skulpturen ausgeschmückt wurden. Theater, Tanz und Musik brachten Abwechslung in den Alltag; mancherorts wurden Musikinstrumente gefertigt – sogar Harfen.

Der organisatorische Überbau der Jesuitenreduktionen war an wirtschaftliche Autarkie und eine Art demokratische Selbstverwaltung geknüpft. Außer den Ordensmännern, die die Sprache der Guaraníes erlernten, gab es den von den Indios gestellten Gemeindevorsteher und die Mitglieder des Gemeinderats. Hand in Hand und mit wechselseitigem Know-how gelang es, Häuser und Kirchen zu bauen, Öl- und Zuckerrohrmühlen zu betreiben, Ländereien urbar zu machen, Obst und Gemüse zu pflanzen, Tiere zu halten.

Über das friedliche Zusammenleben hinaus galt es, für die Verteidigung von Leib und Leben gerüstet zu sein. Die Missionsstationen waren bewehrt und standen in steter Alarmbereitschaft, die Patres brachten ihren Schützlingen den Gebrauch von Feuerwaffen bei. Das fünfte Gebot, das Verbot der Tötung von Menschen, wurde im Zweifel außer Kraft gesetzt, wenn Sklavenjäger anrückten, denn diese schreckten vor nichts und niemandem zurück. Aus Furcht vor Gefangennahmen, Landraub, Vergewaltigungen und Plünderungen wurden viele Siedlungen mehrfach verlegt, immer tiefer in den Dschungel hinein. So erwuchsen die Reducciones zu christlichen Bollwerken gegen die Barbarei und erfüllten als Bekehrungs- und Schutzdörfer eine Doppelfunktion.

Eine Reducción wie die des 1685 von Gerónimo Delfín an den Ufern des Río Monday gegründeten Jesús de Tavarangue sah sich angesichts der Bedrohung durch gewaltsame Einfälle zu nicht weniger als vier Standortwechseln gezwungen. Erst 1759 begannen die Arbeiten an der jetzigen Kirche, doch das Ende des kompletten Missionsnetzes in Südamerika war nicht fern. Den weltlichen Kolonialherrn erschienen die Jesuiten auf Dauer zu mächtig, zu einflussreich. Die Reduktionen mit ihren eigenen Ländereien, ihrer Wirtschaftskraft und der Manpower forderten den Argwohn heraus, immer stärker sah man sie als Hindernis für koloniale Unternehmungen an. Spaniens Krone fürchtete um ihre Macht und potenzielle Untertanen, genährt durch Gerüchte. Da war von einer „Verschwörung der Jesuiten“ und einem „unabhängigen Staat in Südamerikas Urwäldern“ die Rede. 1767 verfügte König Karl III. die Vertreibung der Jesuiten aus Spanien und den Herrschaftsgebieten in Übersee. Dagegen gab es kein Mittel. Die Reducciones lösten sich auf, militärische Truppen wüteten auf der Suche nach Schätzen. Was nicht in Brand gesteckt wurde, verfiel. Allmählich versanken die Siedlungen im Grün des Dschungels. Die Guaraníes sahen sich offiziell den Behörden unterstellt. Manche flüchteten in die grüne Wildnis, andere ergaben sich willenlos ihrem Schicksal, verloren Teile ihrer Identität, vermengten sich im Laufe der Zeit mit Spaniern oder anderen Mischlingen. Neubesiedlungsversuche einzelner Reducciones scheiterten. Lebendig hielten sich fortan das religiöse Gedankengut und das Bewusstsein, kein Spanier sein zu müssen, um Christ zu sein.

Orts- und Szenenwechsel. Ich bin weitergefahren zur Jesuitenreduktion Santísima Trinidad, kurz Trinidad genannt und erst 1706 begründet. Die Hausstrukturen sehe ich klarer hervortreten als in Jesús, was dadurch verstärkt wird, dass sich hier – als besonderes architektonisches Profil – die Eingangsbogen aus behauenem Stein erhalten haben. In den Jahren um 1728 sollen 4000 Menschen in Trinidad gelebt haben. Historischen Quellen zufolge muss Trinidads Hauptkirche zu ihrer Zeit die beste und markanteste aller Missionen gewesen sein, ein prächtiges Ensemble aus Stein, groß in Klarheit, Proportionen und Zierde. Allerdings: Im Gegensatz zur nahen Iglesia primitiva, der Erstkirche mit ihrem klobigen Glockenturm, blieb das Hauptgotteshaus wohl unvollendet. Die Zeiten überdauert haben der Bodenbelag aus Stein, Reste von Skulpturen, ornamentierte Kapitelle über dem Zugang zur Sakristei und die reichen Steinmetzdekorationen an Altar und Kanzel.

Trinidad und Jesús werden ebenso dem Weltkulturerbe zugerechnet wie einige historische Reduktionen in den Nachbarländern: in Brasilien São Miguel das Missões, auf argentinischer Seite Nuestra Señora de Loreto, Santa Ana, Santa María la Mayor und San Ignacio Miní. In Argentinien erinnert überdies der Name der nördlichen Provinz Misiones an die historischen Missionsstationen.

In Trinidad verlieren sich meine Gedanken. Wie muss es wohl gewesen sein, als die Mauern mit Leben erfüllt waren, als Gebete und Gesänge der Patres und Guaraníes himmelwärts stiegen? In der Kirche erkenne ich – besonders schön – über dem Altarraum das Motiv musizierender Engel. Dagegen haben am Taufbecken Ignoranten Zeichen eingeritzt. Bei meinem heutigen Besuch ist Sonntag, was bedeutet: Ausflugstag. Ein paraguayisches Grüppchen Jugendlicher streift umher und verbreitet ungewohnte, befremdliche Klänge. Keine getragenen Christentöne, nein, sondern: Heavy Metal aus einem alten Ghettoblaster.

AUF ROBUSTER SCHAUKELTOUR IN DER BAHN

Fast ein Jahrhundert lang war die Bahn ein wichtiges Transportmittel in Paraguay, bis sie zunehmend aufs Abstellgleis geriet. Als die Zeiten noch andere waren, hatte ich einmal Gelegenheit, in einem historischen Dampfzug von Asunción nach Areguá zu rattern – eine kleine Hommage ans Gestern.

„Früher, wenn der Zug hier ankam, waren immer Fiestas."

Augenzeugin im Dokumentarfilm „Tren Paraguay" von Mauricio Rial Banti, 2011

Die betagte Lok lässt reichlich Dampf ab. Sie heult und zischt und stöhnt unter ihrem Gewicht. Auf ihrem Rücken lagern reichliche Mengen Feuerholz für die Strecke Asunción–Areguá und zurück. Die einfache Schaukeltour ist ein kurzes, kaum 30 Kilometer langes Vergnügen. Liebhabern alter Bahnen schlägt an diesem Sonntag das Herz höher – und das gesamte Gedärm dazu. In den Großraumabteilen brandet Jubel auf, als das rollende Museum schwerfällig anruckelt. Ein Grüppchen fröhlicher Kerls applaudiert besonders kräftig und entleert ein paar Beutel Konfetti aus den offenen Fenstern.

Ab 1861 rollten die Eisenbahnen in Paraguay. Die Jungfernfahrt startete in Asunción bis zum späteren Botanischen Garten. Besondere Bedeutung kam im Verlauf der Bahnbauzeiten der Strecke von Asunción in den Süden nach Encarnación zu. Im Nordteil gab es eine Verbindung in Richtung Chaco. In seinen Memoiren „Daß du nicht vergessest der Geschichten" (vgl. das Kapitel zu meinen Lieblingsbüchern) erinnerte sich Heinrich Dürksen an das Jahr 1930 und die erste beschwerliche Schmalspurfahrt „auf wackeligen und krummen Schienen" von Puerto Casado bis zum letzten Halt namens „Kilometer 145". In den historischen Anfängen war Paraguays Staatspräsident Carlos Antonio López (1790–1862) der maßgebliche Initiator der Bahn. Fast ein Jahrhundert lang war der Zug fortan ein wichtiges Transportmittel im Land, bis er nach und nach an Bedeutung einbüßte und von der Bildfläche verschwand. 2011 setzte der paraguayische Dokumentarfilmer Mauricio Rial Banti mit seinem Streifen „Tren Paraguay" der ausrangierten Zugstrecke Asunción–Encarnación ein exemplarisches Denkmal. „Dieser Zug war ein stummer Zeuge von fast unserer ganzen Historie", unterstrich Rial Banti in einem Interview seine Nostalgie in Bildern. „Er war schon da, als unsere Geschichte noch nicht in Büchern geschrieben war."

Wie alt dieses Vehikel wohl sein mag, das uns gerade nach Areguá schleppt? Der Heizer weiß es nicht. Und der Lokführer versinkt in Gemurmel, wobei ihm eine verdächtig hochprozentige Fahne entsteigt. Gut, dass es auf den dünnen Gleisen fast nur geradeaus geht …

Im Sonnenlicht des Morgens ziehen die Schattenseiten der Hauptstadtausläufer von Asunción vorbei: Bretter- und Wellblechverschläge jener, die in einem der ärmsten Länder des Kontinents auf dem Abstellgleis des Lebens stehen. Irgendwer verbrennt Müll neben der Hütte, barfüßige Kinder spielen auf staubigen Vorhöfen und winken dem Zug zu. Wir Passagiere winken zurück. Die Schienen streifen Bambusdickicht und raue Halme und Ranken, die gegen die Seiten des Zuges schlagen. In Vorgärten sehen wir Bananenstauden und Mangobäume, an Zäune angebundene Rinder, Eukalyptushaine. Auf dem Weg zum ersten Stopp in Luque gewinnt das Grün die Oberhand, an Übergängen stehen Polizisten und regeln den Verkehr. Derweil macht der Eismann an Bord sein Geschäft, durchmisst mit einem Waffelbeutel und dem Kühlkasten aus Styropor unermüdlich die Gänge. Ja, Eis täte dem unabgehärteten Reisenden wohl, aber keines zum menschlichen Verzehr, sondern eines aus rein gefrorenem Wasser und für andere Körperstellen. Nach kurzer Fahrzeit war mir schon klar, dass die beinharten Holzbänke ein robustes Gesäß erfordern. Für Dampfzugliebhaber gehört der Belastbarkeitstest für das Sitzfleisch dazu. So wie kleinere Reparaturen für das Team vom Zug selbstverständlich sind. Im Bahnhof von Luque rückt der Stationschef dem Unterbau der Lok mit einem Schraubenschlüssel solch monumentaler Größe zu Leibe, dass selbst ein Stahlross Angst bekommt. Sofort spuckt es kochend heißes Wasser hervor, zufrieden nickt der Lokführer von oben aus seiner

Kabine. Weiter geht's im Schneckentempo. Hibiskussträucher wechseln sich mit kleinen, staubigen Fußballfeldern ab, mit aufgeleinter Wäsche auf Zäunen, Bachläufen, Palmenhainen.

Einfahrt Areguá. Heute ist großer Bahnhof, arrangiert vom Kulturamt, eine Sonntagsinitiative auf Paraguayisch. Ein Harfenspieler sitzt da, später wirbeln zu einem Lied vom Band drei Dorfschönheiten in ihren besten Kostümen über den Bahnsteig. Applaus brandet auf. Der „Kunsthandwerkermarkt", Feria artesanal, besteht aus einigen wenigen tristen Ständen mit Auslagen aus Holzmasken und tönernen Henkeltöpfchen. Jetzt haben die Passagiere die Qual der Wahl. Lieber eine Minibustour hinauf in Areguás historisches Viertel, zur Kirche Virgen de la Candelaria mit Ausblick auf den Ypacaraí-See und zu bizarren Felsformationen am Ko'i-Berg? Oder direkt zu Fuß ein paar hundert Meter hinab ans Ufer des Ypacaraí-Sees? Für das Grüppchen junger, männlicher Konfettiwerfer keine Frage: direkter Kurs aufs Gewässer. Da ist später Freiluftdisco. Und die Wahl zur „Miss Mikrobikini".

MEINE LIEBLINGSBÜCHER

Dieses Thema fällt komplett aus dem Rahmen von Reportagen, Essays und Reiseskizzen: Es ist ein Loblied auf weitgehend unbekannte Bücher und betrifft gleich mehrere Länder. Im Fortlauf des Kapitels seien vier Titel zu Paraguay, Argentinien, Brasilien und Bolivien besonders herausgestellt; im Mittelpunkt stehen unterschiedlichste Menschen und ihre Schicksale.

„Wo wir sein werden, ob schon in Chacayal, ob auf der Reise, hinter einem Busch am Lagerfeuer, wer weiß, aber es ist ja auch egal, die Hauptsache bleibt, das Leben, das uns so sonderbare Umwege und Irrwege beschert, vorwärts zu gehen."

Ella Brunswig in „Ella und der Gringo mit den großen Füßen", Brief vom 20. Oktober 1923

Highlights in meiner Hausbibliothek

Vorsichtig wage ich zu behaupten, dass sich meine Hausbibliothek zu Südamerika ziemlich umfangreich ausnimmt. Meisterwerke der Literaturnobelpreisträger Gabriel García Márquez (1927–2014) und Mario Vargas Llosa (geb. 1936) befinden sich darunter, teils im spanischen Original, aber auch Bände mit Gedichten des von mir hochgeschätzten Uruguayers Mario Benedetti (1920 – 2009) und Aphorismen des italienischstämmigen Argentiniers Antonio Porchia (1885–1968), der sich wie kaum ein anderer darauf verstand, die Befindlichkeiten des Daseins auf den minimalistischen Punkt zu bringen. „Eine Million Sterne sind zwei Augen, die sie anschauen“, schrieb er einmal. Und über den nagenden Schmerz: „Manchmal entzünde ich bei Nacht ein Licht, um nicht zu sehen.“

Klassiker auswärtiger Reiseschriftsteller haben bei mir ebenso ihren festen Platz im Regal, darunter „In Patagonien“ des Engländers Bruce Chatwin (1940–1989), „Der alte Patagonien-Express“ des US-Amerikaners Paul Theroux (geb. 1941) und „Reise durch einen einsamen Kontinent“ von Andreas Altmann (geb. 1949). Warum es hingegen der persönliche, packende Abenteuerbericht „Tor zum Amazonas“ des Verlegers und Reisebuchautors Frank Semper (geb. 1962) nie auf die Bestsellerlisten geschafft hat, bleibt mir ein Rätsel.

Eines der Vorzeigestücke meiner Sammlung ist eine 1910 in Stuttgart erschienene Ausgabe „Reise eines Naturforschers um die Welt“ von Charles Darwin (1809 –1882), eine Empfehlung neueren Datums das 2013 von Silke Hensel und Barbara Potthast herausgegebene „Lateinamerika-Lexikon“, das mit seiner kompakten Informationsfülle überzeugt.

Da sich meiner bescheidenen Meinung nach Jugendromane auch bestens für Erwachsene eignen, hebe ich kurz zwei Titel preisgekrönter deutscher Autoren hervor: „Sie weckten das Morgenrot“ von Willi Fährmann (geb. 1929) und „Mondjäger“ von Sigrid Heuck (1932–2014). In „Sie weckten das Morgenrot“ zeichnet Willi Fährmann Auswandererschicksale in Kolumbien nach, aufgezogen an den Freunden Christian und Lorenz. In einer erzählten Zeit, die sich von der Mitte der 1930er- bis Ende der 1940er-Jahre spannt, werden wir Leser dank der einfühlsamen und angenehm unspektakulären Erzählweise zum Begleiter der Freunde, fiebern und leiden mit, wenn sie in bürokratische Strudel geraten und Wunschblasen zerplatzen, wenn sie Betrügern auf den Leim gehen und ihre erste Finca verlieren. Der Roman führt nachhaltig vor Augen, wie man sein Leben meistert, nicht nur als Auswanderer: mit dem Mut zur Entscheidung und dem Glauben an sich selbst. In Sigrid Heucks „Mondjäger“ begleitet die junge Sheba ihren Vater und einen Fotografen auf Expedition in die Urwälder Südamerikas. Ziele des Unternehmens sind journalistische Recherchen um einen bislang unbekannten Indiostamm. Fernab erforschter Horizonte tauchen sie zusammen mit dem Mestizen Juan und dem jungen Einheimischen Mayaku in die unendlichen Flussweiten ein, kämpfen sich mit Motorboot und Kanu voran, sind den Urgewalten der Natur ausgeliefert. In einem versteckten Seegebiet stoßen sie auf Baumhütten, Pyramiden mit steinernen Plattformen, verstreut lebende Menschen. Über alledem hängt jedoch Unheil, angekündigt durch den Ruf des Ayamamavogels, laut Indiomythologie der Todesbote. Heucks Erzählstil ist packend, hinter alledem steht der eindringliche, aber unausgesprochene Appell: Kein einziger Vorwand rechtfertigt Eingriffe von Auswärtigen ins Leben der Indios.

Kurze Einstimmung

Die Reihe meiner Lieblingsbücher ist lang – und die mehrbändige „Reise in die Aequinoctial-Gegenden des neuen Continents" von Naturforscher Alexander von Humboldt (1769–1859) gehört selbstverständlich dazu –, doch einige Werke will ich nachfolgend ausführlicher herausstellen. Selbst auf die Gefahr hin, dass sie für Interessenten vielleicht nur noch über Antiquariate oder – im Falle von „Daß du nicht vergessest der Geschichten" von Heinrich Dürksen (1910–2001) – komplett schwer aufzuspüren sind. Sogar im World Wide Web finden sich vergleichsweise wenig Spuren des Dürksen'schen Werkes. Das im Selbstverlag publizierte Buch des Mennoniten Dürksen fand ich in Paraguay bei einer Reise in die historische Mennonitensiedlung Filadelfia, erschienen in dritter Auflage 1997 und mittlerweile längst in der Versenkung verschwunden. Es ist eine Autobiografie, ungeschminkt, intensiv, teils sehr bewegend. Da geht es um Vertreibung, den Neuanfang in der Fremde Paraguays im Gran Chaco, Hoffnung, Verzweiflung, Rückschläge, Heimatgefühle, die rasche Vergänglichkeit des Daseins, Lebenskraft und Lebensmut. Obgleich man sich, wie ich, nicht mit dem mennonitischen Gedankengut identifizieren mag, halte ich es unter den vorgenannten Vorzeichen für ein lesenswertes Werk. Dabei brachte es Autor Dürksen nicht einmal selbst zu Papier, weil er, wie er im Vorwort bekannte, ungern schrieb, sondern sprach seine Lebenserinnerungen auf Tonband und ließ sie erfassen und stilistisch leicht überarbeiten. Im Gran Chaco, jener im Innern Südamerikas gelegenen Großlandschaft, die von Dornbuschsavannen und Trockenwäldern durchsetzt ist, habe ich selbst erfahren, was Hitze bedeutet und ansatzweise nachvollziehen können, was es Siedlungspioniere wie Dürksen an Schinderei und Durchhaltekraft gekostet haben muss, in einer menschenleeren und menschenfeindlichen Umgebung zu überleben. Und nicht nur das. Im Laufe der Zeiten brachten sie in Eigen- und Gemeinschaftsinitiative eine blühende Land- und Viehwirtschaft hervor, produzierten Erdnüsse, Baumwolle, Milch, Butter, Käse, Joghurt. Bei meiner Reise ins Mennonitengebiet schaute ich mir die große Molkerei an, in der mich erstaunte, dass sogar Schokoladenmilch hergestellt wurde.

Über Dürksens Buch hinaus machen Sie nun Bekanntschaft mit drei weiteren: „Ella und der Gringo mit den großen Füßen" von Maria Bamberg (Thema: Argentinien), „Der gegrillte Mann" von Betty Mindlin (Thema: Brasilien) und „Ich bin ... Lebensgeschichten aus Bolivien" von Elisabeth Hüttermann.

Daß du nicht vergessest der Geschichten

In der Mennonitenschule in Russland hatte ihm der Dorflehrer irgendwann einmal erzählt, dass in Paraguay Apfelsinen, Mandarinen und Bananen wachsen. Mehr weiß Heinrich Dürksen nicht, als er sich mit seiner Familie im Mai 1930 auf die Schiffsreise über den Atlantik begibt. „In diesem Land erhofften wir uns einen Neuanfang", schreibt Dürksen. „Außerdem wurden jedem Neuansiedler Ochsen, Kühe und Hühner versprochen. Ich verspürte wohl auch so etwas wie Abenteuerlust. In meinem jugendlichen Alter war das ja wohl auch kaum verwunderlich." Heinrich

Dürksen ist zu diesem Zeitpunkt knapp zwanzig Jahre alt, ein aufreibendes Leben liegt bereits hinter ihm. Geboren nahe dem Kaukasusgebirge, hat er als Kind die Plünderung des elterlichen Landguts durch Tataren erleben müssen. Bei einer Pocken- und Typhusepidemie ist er dem Tod von der Schippe gesprungen, er hat bitteren Hunger durchlitten und verfolgt, wie sich die Lage in Russland für sich und andere Mennoniten zuspitzte. Nach langer Wartezeit auf eine Ausreiseerlaubnis in Moskau ist es für Familie Dürksen per Zug nach Leningrad, dann übers Meer nach Hamburg und für acht Monate in ein Durchgangslager nach Mölln gegangen. Willkommen sind die Mennonitengruppen nirgendwo. Jeder will sie irgendwie abschieben, sie gelten als Staatenlose. Da Heinrichs Bruder Jakob wegen einer Augenerkrankung nicht auf die Auswandererliste nach Kanada gekommen ist, hat sich die Familie zum Zusammenhalt entschieden – und wandert nun gemeinsam ins unbekannte Paraguay aus.

Per Boot, Bahn und Ochsenwagen erreichen sie dort ihre neue Heimat: den Gran Chaco, in dem bereits einige Mennonitendörfer bestehen, die Landkarte der sogenannten Zivilisation aber weitestgehend weiß ist. Die Dürksens bekommen ein Familiengrundstück zugewiesen, das Leben beginnt mit dem Aufstellen eines mitgebrachten Zeltes und der Befreiung des Geländes von Holz und Gestrüpp. Es kostet unendlich viel Schweiß und Mühe, um sich im Laufe der Jahre in einer Welt aus Dürre und Hitzeglut eine landwirtschaftliche Existenz aufzubauen. Das Klima, die harte Arbeit und die schlechte Lebensmittelversorgung „schwächten den Körper und oft auch die Seele bis an den Rand der Verzweiflung", schreibt Dürksen. Es mangelt an Gerätschaft und Infrastruktur, Heuschrecken fallen über neu angelegte Felder her. Der Typhus rafft Siedler dahin, einige lassen beim Bau eines Brunnenschachts ihr Leben. Mangels medizinischer Versorgung stirbt Dürksens erster Sohn Willy: „Ich nahm ihn in meine Arme und hielt ihn so lange, bis er für immer einschlief." Dürksen hat mit seiner Frau Sara, die er bereits im Auffanglager im deutschen Mölln kennengelernt und im Gran Chaco wiedergetroffen hat, weitere Kinder. Er wird zum Prediger gewählt, Sing- und Bibelstunden bringen Abwechslung ins Dorfleben.

Sieht man vom vorübergehend kolportierten Gedankengut der Nationalsozialisten und deshalb entstandenen Konflikten in den Siedlungen ab, ist für die Mennoniten gut, dass sie vom Zweiten Weltkrieg und dessen Folgen verschont bleiben. Sie sind freie Menschen, vom Militärdienst sind sie in Paraguay sogar gesetzlich entbunden. Während in der Ferne der Weltkrieg tobt, verpachtet Dürksen 1941 seinen Hof und wird drei Jahre lang Wirtschafter auf einer Missionsstation. Danach beginnt er seine Arbeit in der Kolonieverwaltung der Mennoniten, nun geht es ständig aufwärts. Eine Zubringerstraße wird in den Gran Chaco gebaut, Laster und Bulldozer kommen auf, Traktoren, Telefone. Flüge in kleinen Maschinen schaffen Anbindung an die Hauptstadt Asunción, Kredite helfen der Mennonitengemeinschaft bei der Anschaffung eines Dampfkessels, eines Lichtgenerators, einer Ölpresse zur Produktion von Erdnussöl. Gegen Ende des Buchs lässt Dürksen kritische Stimmen gegen die Mennoniten einfließen, denn mittlerweile ist manchen Leuten die mennonitische Sonderstellung suspekt: als „Staat im Staate“ und „religiöse Enklave“, geprägt von einem überdurchschnittlichen Lebensstandard im armen Paraguay. Es zeigt sich, dass die Erschließung des Gran Chaco letztlich auch Neid, unaufhaltbare Fremdeinflüsse und den Wandel unter den Mennoniten selber mit sich gebracht hat. „Die äußere Not, die die Koloniebewohner zusammengehalten hat, ist nicht mehr da. Da kann auch der Grundsatz ‚Gemeinnutz vor Eigennutz‘ langsam verschwinden, weil man sich nicht mehr braucht“, schreibt Dürksen gegen Ende des Buches. Ich erachte es als wertvolles Zeitdokument.

Ella und der Gringo mit den großen Füßen

Es war eine Reise ins Ungewisse, die Ella Brunswig 1923 mit ihren Kindern an Bord der Vigo antrat und mit der sie dem Nachkriegselend in Deutschland entkam. Ihr Ziel: Argentinien. Dort hatte sich ihr Mann Hermann, der „Gringo mit den großen Füßen“, ab 1919 den Beginn einer Existenz als Farmverwalter in Patagonien aufgebaut. Die Estancia am Ghío-See war die erste gemeinsame Etappe der Familie Brunswig, die im Jahr darauf einen Ortswechsel vornahm, um im Gebiet von San Martín de los Andes bis 1929 die Estancia Chacayal zu verwalten. Diesen gesamten Zeitraum 1923 bis 1929 decken Briefe ab, die Ella Brunswig an ihre Mutter in der Altheimat schrieb und die das Gerüst dieses Buches formen, das Ellas älteste, 1915 geborene Tochter Maria Bamberg zusammengestellt hat. Natürlich waren diese Briefe niemals für die Öffent-

lichkeit bestimmt – und das wäre, ganz im Gegensatz zu anderen Publikationen ähnlicher Machart, schade gewesen. Es sind Briefe, die eine Auswanderergeschichte mit all ihren Mühen, Enttäuschungen, Freuden und Sorgen lebendig machen. Briefe, aus denen scharfe Beobachtungsgabe, tiefste Empfindungen, Selbstkritik und feine Urteilskraft sprechen. Briefe, die die Härte und den Alltag des Farmlebens widerspiegeln, den Wechsel der Jahreszeiten und Stimmungen, die Einsamkeit in der Wildnis, Eindrücke der Landschaft, der Tier- und Pflanzenwelt, der Menschen und ihrer Mentalität. Eingestreut in die Buchstruktur sind vereinzelte Briefe von Hermann Brunswig, Erinnerungsblöcke von Maria Bamberg, eine hilfreiche Übersichtskarte, historische Fotos sowie die kurze Weitererzählung des Familienschicksals nach 1929.

Dank der Qualität eines oftmals druckreifen Inhalts machen die Briefe der Ella Brunswig dieses Buch zu einer Kostbarkeit. Man gerät regelrecht in den Sog der Schilderungen, leidet mit der Familie mit, fühlt sich berührt. Im ersten gnadenlosen Winter sind die Brunswigs in Patagonien monatelang von der Außenwelt abgeschnitten, doch nicht nur Fröste und unpassierbare Flüsse erfordern Durchhaltevermögen. Als Selbstversorger auf den Farmen gilt es für Ella Brunswig, gleichermaßen Käse- und Wurstmacherin wie Wäscherin, Köchin und Geburtshelferin für Angestellte zu sein. Der Familienzusammenhalt und die Eindrücke einer grandiosen Szenerie in Argentinien wiegen so manche Härte auf. „Jeden Abend, wenn ich mit den Kindern bete, gehen wir auf ihren Balkon, man hat von da den Blick auf ein Stück Kordillere, sehr hoch und stellenweise mit ewigem Schnee bedeckt. Die Sonne dahinter steht ganz tief, und die Konturen der Berge haarscharf gegen den hellen Abendhimmel, das ist unsagbar schön", schreibt sie im März 1925 von der Estancia Chacayal.

„Ella und der Gringo mit den großen Füßen" hält exemplarisch vor Augen, wie sich ein Auswandererschicksal mit viel Fleiß, Glaubens- und Willenskraft meistern lässt.

Der gegrillte Mann

Wie mag es sich anfühlen als Bräutigam mit drei Schwänzen oder als Mädchen mit gigantisch wachsender Klitoris, die über den Boden zu schleifen beginnt? Antwort geben gezielte literarische Schläge unter die Gürtellinie, zusammengestellt von Betty Mindlin und mit dem treffenden Untertitel „Erotische Mythen vom Amazonas" versehen. Die Anthropologin hat all die Geschichten während ihrer Aufenthalte bei den Indiovölkern im brasilianischen Amazonasgebiet gesammelt, wobei die erotischen Mythen nicht ausnahmslos in Genitalzonen spielen oder als frivole Schweinigeleien misszuverstehen sind. Viele der rund 70 versammelten Geschichten sind hintergründig und lehrreich, reflektieren im Spiegel von Geschichte und Gegenwart das Leben und den Alltag. Da geht es um Glaube und Aberglaube, Sitten und Gebräuche, Liebe und Lust, Geschlechterverhältnis und Rollenverhalten, Jagd und Natur, Kannibalismus und Schamanismus. Dank ihrer Aufzeichnungen kommt Mindlin das Verdienst zu, ein Stück mündlich tradierte Kultur in die Jetzt-Zeit gerettet und ein Stück Völkerkunde in unterhaltsame Geschichten verpackt zu haben. Unter diesen Vorzeichen halte ich es für verzeihlich, dass nicht jeder Lesehappen appetitlich daherkommt. Da essen die Männer der Jabuti zusammen mit Maniokkuchen ihre eigene Notdurft, da landen Schamlippen auf dem Grill. Bei anderer Gelegenheit wird das starke Geschlecht in Tontöpfen gekocht und von Frauen verzehrt. Warum, berichtet die bei den Macurap aufgezeichnete Geschichte vom „Koman-Lied“. In einem See, so heißt es, lebte einmal eine geheimnisvolle Alte namens Katxuréu, die eines Tages die Mädchen und Frauen eines Dorfes mit ihren Gesängen verzauberte. Katxuréu stachelte sie an, nicht Fische und Frösche aus dem Gewässer zu holen, sondern stattdessen Männer als gemeinschaftliches Festmahl herbeizuschaffen. Die verbliebenen Männer lüfteten das Geheimnis ihrer verschwundenen Gefährten, sannen auf Rache und löschten das Leben der Frauen aus. Doch da wurde ihnen bewusst: Was machten sie nun ohne Frauen, zumal nur diese in der Lage waren, eine gut fermentierte, süße Chicha zu bereiten? Gut, dass zwei Mädchen das Massaker überlebt hatten und dem Neubeginn der Welt nichts mehr im Wege stand …

Treffend transportiert das Buch den Zauber des Amazonas. Ein echtes Schatzkästchen.

Ich bin … Lebensgeschichten aus Bolivien

„Wir waren glücklich“, sagt Hilfsadvokat Alberto Copana Ticona in Rückschau auf seine Kindheit in der Provinz Omasuyos. Glück bedeutete für ihn, Abarcas zu tragen, Sandalen aus Autoreifen, und mit anderen Kindern auf dem Weg aus der Schule hinunter zum Fluss zu laufen. Es sind durchweg einfache Menschen wie Copana Ticona, die in diesem Buch Zeugnis ablegen. Zeugnis ihres Lebens, Zeugnis von persönlichen Höhen und Tiefen, von Sitten und Gebräuchen, von Armut und Alltag in ihrer Heimat, von Hoffnungen und Bescheidenheit. Die Einblicke ins Leben geben gleichzeitig Einblicke in die soziokulturelle Vielfalt Boliviens mit all ihren Konflikten und Widersprüchen. Zwangsläufig kommen Themen wie Kinderarbeit und häusliche Gewalt zur Sprache, Drogen, Alkoholismus, Prostitution. Dieses Buch ist jedoch kein Problembuch. Allen Nackenschlägen des Schicksals zum Trotz strahlen die Menschen immer wieder Zuversicht aus und wissen ihr Leben auf erstaunliche Art zu meistern. So wie der ehemalige Maurer und spätere Lehrer Hilarión Copa Cruz aus dem Departement Potosí, der dem vermeintlich Negativen das Positive abgewinnt: „Deshalb sage ich, dass es manchmal gut ist, wenn man arm ist, denn dann muss man sich etwas einfallen lassen, um kreativ zu sein."

„Ich bin ..." ist ein ganz besonderes Bolivien-Puzzle aus 23 Porträts. Hier kommen Menschen zu Wort, die ansonsten keine öffentliche Stimme haben und fernab jeder (publizistischen) Aufmerksamkeit stehen. Für Herausgeberin Elisabeth Hüttermann, bei Erscheinen des Buches (2007) in Bolivien seit über 20 Jahren in der Bildungsarbeit tätig, sind gerade sie „die stillen Helden einer Gesellschaft, die ohne sie nicht vorstellbar wäre". Es sind Menschen aus allen Altersklassen, Landesteilen und Volksgruppen. Da ist Alejandra, 17, die mit zwölf die Schule verließ und begann, auf der Straße zu leben, zu rauchen, zu trinken und Klefa zu schnüffeln. Da ist Máximo Vilca Toledo, 78, dessen Leben von Schufterei im Bergwerk und harter Landarbeit geprägt war und der sich nun müde fühlt. Da ist die alte Iguarembo, die Guaraní spricht und selber nicht weiß, wie alt sie genau ist, und ihr Leben lang an den Traditionen der Altvordern festgehalten hat. „Mein Großvater brachte meinem Vater das Heilen bei", erinnert sie sich, „und als ich geboren wurde, spuckte mir mein Vater in den Mund und sagte ein Gebet, damit auch ich heilen könnte."

Dieses Buch, das Bolivien im Spiegel seiner menschlichsten Seiten zeigt, verdient das Prädikat „wertvoll". In Bolivien, wo zunächst das Original erschien, stieg der Titel zum Lesestoff in Schulen und sozialen Organisationen auf.

IM DSCHUNGELBOOT

Regenwaldgrün, Labyrinthe aus Wasserstraßen – ab Amazoniens Metropole Manaus sechs Tage unterwegs auf einem Dschungelboot. Das Tempo des Lebens drosselt sich auf solch einer Rundtour wohltuend automatisch.

„Es ist leicht zu begreifen, dass das dunkle Wasser des Rio Negro ihm seinen Namen gab. Obgleich die wahre Farbe des Wassers, wenn man es in ein Glas tut, weingelb ist, o erscheint es doch bei der großen Tiefe des Flusses wie schwarze Tinte."

Francisco Xavier Ribeiro de S. Payo, 1743

Tag eins – willkommen an Bord

„Fühlt euch auf Dona Tania wie daheim", sagt Bootsbesitzer Mark Aitchison von Swallows and Amazons Tours und begrüßt unser bunt zusammengewürfeltes Grüppchen im Hafen von Manaus. Das Schicksal unvorherbestimmbarer Wege hat den gebürtigen Engländer, der einst Literatur und Malerei studiert und länger in den USA gelebt hatte, in die Dschungeltiefen verschlagen. Das Boot hat er nach seiner brasilianischen Frau Tania benannt. „Hier sind die beiden Kühltruhen, Bier müsst ihr vor der Abfahrt noch selber kaufen, wenn ihr wollt", fährt Mark fort, „aber Verpflegung gibt es immer reichlich." Er nimmt den Mund nicht zu voll. Bordköchin Vilauba wird sich während der Fahrt mächtig ins Zeug legen. Weitere tragende Säulen sind Kapitän Bidau, dessen Arbeitsplatz auf der Ein-Mann-Kommandobrücke im Wesentlichen aus einem Holzschemel und einer Fußstütze besteht, und Anand, ein indischstämmiger Brasilianer mit jahrelanger Erfahrung als Dschungelguide. Ebenfalls mit von der Partie ist Vilaubas Familie: die niedliche, kleine Tochter Fernanda und Vilaubas Mann Sidomar als universelle Hilfskraft in Form von Steuermannassistent, Bootsreiniger, Bordhausmeister. Ich beziehe meine Kabine, sehr einfach und übersichtlich und etwa vier Quadratmeter klein, aber mit Außenfenster samt Gardinchen. An der Wand hängen eine Schwimmweste und eine Taschenlampe, an einer Schnur lassen sich nasse Sachen trocknen. Zu gewöhnen gilt es sich an die steilen Treppen zwischen Unter- und Mittel- und zwischen Mittel- und Oberdeck. Und wer, wie ich, eins achtzig groß ist, muss das Endstück des Gangs zu seiner Kabine in leichter Bückhaltung bewältigen. Im Salon steht eine Bibliothek mit abgegriffenen Büchern und Magazinen zur Verfügung, auf dem Aussichtsdeck eine Reihe Plastikstühlchen, in den beiden Gemeinschaftsbädern jeweils der obligatorische Eimer: hinein mit benutztem Toilettenpapier! Bordleben multikulti, zehn zahlende Leute im selben, 19 Meter langen Boot, das Mark Aitchison einst als herrenloses Gefährt aus dem Uferschlick ziehen und aufpeppen ließ. Mit von der Partie sind ein amerikanisch-polnisches und ein australisch-englisches Pärchen, fünf einzelne Amis und ich, ein Deutscher mit

Wohnsitz in Spanien und Migrationshintergrund aus der Voreifel.

Der Auftakt vor Manaus nimmt sich höhepunktlos aus: erster Stopp an einer schwimmenden Tankplattform, die von angemalten gelben Reifen als Puffern ummantelt ist. Der Schlauch wird übers Wasser gereicht. Ich verfolge, dass sich der Tankvorgang nicht ganz tropffrei abspielt. Nach der Befüllung steuert Bidau die Dona Tania auf den Encontro das Aguas zu, das „Treffen der Wasser“, bei dem die milchigtrüben Wasser des Solimões mit dem dunklen Rio Negro zusammenfließen und sich erst nach einiger Zeit so richtig vereinen. Ab hier bis zum Delta bei Belém heißt der große, breite Strom Amazonas. Frachter und Tanker zählen zu den Alltagsbildern. Obgleich der Name Amazonas magnetischen Reiz verströmt und in vielen Köpfen Gedankenketten von Geheimnissen und Abenteuern auslöst, konzentriert sich das Gros der längeren touristischen Bootstouren ab Manaus auf den abwechslungsreicheren Rio Negro. Gute Kunde: Mit einem geringen pH-Wert ist der „schwarze Fluss“ extrem sauer und schmeckt Moskitos ganz und gar nicht. Schon die Forschungsreisende Therese Prinzessin von Bayern (1850–1925) hatte einst bemerkt: „Wie alle Schwarzwasserflüsse beherbergt auch der Rio Negro wegen Mangels an Wasserpflanzen und Ufergras verhältnismäßig wenig Fische und ist auch von der entsetzlichen Mückenplage befreit, welche den Aufenthalt am Amazonas zu einem so qualvollen macht.“ Dass der Schwerpunkt unserer Tour auf dem Rio Negro liegen wird, beruhigt mich, denn ich gehöre zur Gattung bevorzugter Moskitoernährer. Wo immer ich hinkomme, scheint mein Blut unter den Stechbiestern als Delikatesse zu gelten. Trotz größerer Menschenauswahl im selben Raum attackieren sie erst einmal mich. Oder, noch lieber, meine Tochter Ana, doch die konnte ich auf diese Reise ohnehin nicht als Köder mitbringen.

Tiefe Wolken hängen heute über dem Encontro das Aguas. „Hier am Treffpunkt ist das Wasser sehr tief, der Solimões hat eine Fließgeschwindigkeit von sieben, der Negro von ein bis drei Stundenkilometern", weiß Anand. Beide Ströme halten sich kontrastreich nebeneinander, der Ineinanderfluss braucht seine Zeit. „Bei der Vereinigung der Schwarzwasserflüsse mit den Weißwasserströmen kann man durchweg die äußerst interessante Erscheinung beobachten, dass eine Vermischung der verschiedenfarbigen Wasser nur sehr langsam vor sich geht", werde ich später in Josef Reindls 1903 erschienenem Buch „Die schwarzen Flüsse Südamerikas" nachlesen. Das Wasser des Rio Negro sei noch mehrere Meilen unterhalb der Mündung sichtbar, schreibt Reindl. Das Phänomen ist unverändert geblieben.

Aufwärts auf dem Solimões tauchen Flussdelfine auf, an den Seiten wechseln sich Rinderweiden und Holzstelzenbauten ab. Das Aufkommen von Treibholz im Strom ist immens. Kinder baden in einem Nebenflussarm, winken vergnügt. Dona Tania macht an einer Uferböschung fest, Lunchtime. Wir Passagiere betasten uns verbal, fragen uns aus nach dem Woher und Wohin. Travellertalk ohne Tiefgang, belanglos und routiniert. US-Boy Trevor schneidet sogleich mit Reisegeschichten aus aller Welt auf und glaubt, sein Umfeld beeindrucken zu können, doch das ist von solchen Storys gesättigt. Schon jetzt zeichnet sich ab, dass wir nicht zu einer verschworenen Bootsgemeinschaft zusammenwachsen und uns im Feld zwischen Gruppendynamik und Gruppenzwang bewegen werden. Draußen zieht später das Grün im Schneckentempo vorbei, an einem Bootsanleger weist ein Holzschild auf eine Schule, die „Escola Santa Luzia". Tagesziel ist der See Iranduba, wo wir von einem Holzhaus aus mit Kanus, Ruten und fauligen Fleischködern losfahren. Piranhafischen, ein voller Erfolg. Baden will an selber Stelle verständlicherweise niemand. 27 Piranhas landen im Eimer, doch das trockene Fischfleisch ist am Abend nicht jedermanns Sache. Irgendwann erstirbt der dröhnende Generator an Bord. Und mit ihm Licht und Klimaanlage in den Kabinen. Glühwürmchen schwirren umher, das Ufergras raschelt am Bootsbauch. Vilauba, Sidomar und Fernanda suchen sich an Bord ihre Hängemattenschlafplätze, während mich das Zirpen und Zischen des Dschungels deutlich komfortabler in den Schlaf wiegt. Des Tages letzter Gedanke dürfte der von einer Zweiklassengesellschaft gewesen sein, ehe ich in umklimatisierter Umgebung meine Matratze nachhaltig einöle.

Tag zwei – Kaimane und Wasserlilien

Auf ein kräftiges Frühstück folgt die Fahrt durch natürliche Kanäle parallel zum Solimões. Dass man, wie Dan und seine beiden gleichfalls aus den USA stammenden Kumpel, zum Tagesauftakt eiskaltes Bier in sich hineinschütten kann, bleibt mir ein Rätsel. Ein noch größeres jedoch, wie man sich, wie die beiden Pärchen, lautstark über den

Lärm des Generators an Bord beklagen kann. Beschwerden zu führen, das ist eine Zivilisationskrankheit aus Hochstressgesellschaften.

Aus den Ufergräsern flattern weiße Reiher auf, in einem Nebenarm schießt ein vollbeladenes Wassertaxi vorbei. Dona Tania schnurrt auf den Lago January, ein „böser See", folgt man dem Glauben der indigenen Ureinwohner. Hier sollen Kaimane früher kleine Kinder verzehrt haben, so sagt man. Erwachsen zu sein, hat durchaus seine Vorteile, kommt es mir in den Sinn. Vom hölzernen Anleger folgen wir Stegen bis zu einem Aussichtsplateau über Sümpfen, blicken hinab auf Kaimane und riesige Wasserlilien. Apropos Wasser: Das kommt derzeit auch von oben. Und zwar reichlich. Sidomar lässt an den Bootsseiten Plastikplanen hinunter. Die Niederschläge begleiten uns den Rio Negro flussaufwärts, der blaue Bug der Dona Tania schiebt die dunklen Wassermassen beiseite. Dazu hört Käpten Bidau derart schnulzige Musik, als hätten sich brasilianische Ableger der Wildecker Herzbuben, der Schürzenjäger und Roland Kaiser zum diabolischen Chorgesang vereint.

Regenschleier legen sich gespenstisch über die Skyline von Manaus, der wir bei der Vorbeifahrt noch einmal die Parade abnehmen. Eine befremdliche Großstadt, die Schätzungen zufolge mittlerweile über zwei Millionen Menschen stark sein dürfte. Gegen Ende des 19. Jahrhunderts begann sich Manaus vom feuchtheißen Händlernest zur pulsierenden Urwaldmetropole zu wandeln. Grund war der Kautschukboom. Die Gummibarone lebten in Saus und Braus, ließen sich Paläste errichten und Baumaterialien aus Europa kommen. Sinnbild der goldenen Kautschukära war das Teatro Amazonas, das 1896 eingeweihte Opernhaus. Es hat mich bei der Führung vor einigen Tagen tief beeindruckt. Ich erfuhr, dass Säulen, Lämpchen und Eisenbalkondekorationen aus Schottland, England, Frankreich und Italien stammten. Ein surreales Projekt und eines der verwegensten Bauwerke lateinamerikanischer Architektur zugleich.

Manaus verschwindet nun in unserem Rücken, die meisten Mitreisenden spielen Karten. Unser Tagesziel ist die Over Look Jungle Lodge, umflankt von Palmen und mit weitem Blick von der Veranda über den Rio Negro. Hinter den Maniokplantagen der Lodge beginnt ein Dschungelpfad und mit ihm ein dreistündiges Regentrekking. Auf dem Matschpfad vor unserer Prozession aus Ponchogestalten verharrt eine handtellergroße Vogelspinne. Ein gewaltigeres Exemplar habe ich nie gesehen. Und nie ein größeres Spinnennetz, das es auf den Umfang einer Hängematte bringen dürfte. Und nie eine schönere Schlange als eine weiße Boa constrictor, die wir plötzlich entdecken. Gewöhnlicher sind hingegen Affen, die in den Baumkronen turnen. Anand schneidet einen Wasserbaum an, macht uns mit Survival im Urwald vertraut: „Immer nur an der Sonne orientieren, nie an Geräuschen oder Wegzeichen!" Werde ich mir merken, falls ich einmal verloren gehe. Ameisen, geschätzte vier Zentimeter lang, machen sich an einem mit Haifischtattoo verunzierten Bein des künstlich erblondeten Verbalprotzes Trevor zu schaffen. Sein Blendax-Strahlemannlächeln erstarrt, er schreit peinlich laut auf. „Fünfzehn Bisse", sagt Anand, „nach alter

Indiositte musste man fünfzehn Ameisenbisse ertragen, wenn man ein richtiger Mann sein wollte!“ Wir schmunzeln in uns hinein. Trevors Humor kocht auf Sparflamme.

Tag drei – Paddeltour und Nacht im Dschungel

Langsam schnurrt Dona Tania an Buchten und Stränden vorbei. Die geringe Geschwindigkeit drosselt unser Lebenstempo automatisch. Und das tut gut, nur Frühbiertrinker Dan und zwei weiteren Gringos nicht. Sie lassen sich im Schnellboot abholen, kehren frühzeitig nach Manaus zurück. An den Ufern sind Fischer mit Netzen unterwegs, der Negro macht sich riesig breit. Auf dem Oberdeck trocknen unsere Wäschestücke von gestern. Wir haben ein Kanu im Schlepptau, nehmen Kurs auf den Archipel Anavilhanas, legen an einer Buschinsel an. Ein romantisches Plätzchen. Wir satteln um aufs Kanu, paddeln über den einsamen Lago Comprido, den „langen See“. Auf der einen Seite lichtgrünes Ufergras, auf der anderen die Überflutungsforste mit verschlungenen Luftwurzelwelten und Astbarrieren. Typisches Anakonda-Terrain, doch tieferes Eindringen per Boot ist unmöglich. Wir genießen Stille und Einsamkeit, auch ohne die sichtbare Präsenz einer Riesenschlange. Anand zeigt uns eine Stelle, wo er laut eigener Aussage einmal einen Vier-Meter-Kaiman erlegt haben will, und fragt uns vorsorglich, ob wir kommende Nacht im Dschungel schlafen wollten. Niemand erhebt Einspruch, selbst nicht, als Anand darauf verweist, dass es nach erheblichen Regenfällen besonders gefährlich sei, da dann die Tiere auf Nahrungssuche herauskommen. Persönlich würde ich Beutejägern meinen Mitreisenden Huntz empfehlen, einen taiwanesischstämmigen Zwei-Zentner-Radiologen aus den USA. Freundlich ist er, keine Frage. Aber dann hätten wenigstens die barbarischen Schmatzsymphonien am Tisch ein Ende und seine Fähigkeit, den eigenen, dunkel klingenden Namenseinsilber auch in Rülpssprache fehlerfrei auszusprechen. Huntz.

Weiter geht's durch die Flussinselwelten des Negro und durch einen weiteren Nebenarm. Dona Tania legt an, ab hier verbleibt eine knappe Kanu- und Marschstunde bis zum Nachtlager. Wir nehmen Hängematten mit, Wasserflaschen, leichte Decken, Taschenlampen, Proviant, Regen- und Insektenschutz. Eine Lichtung wird unser temporäres Zuhause, die Teamarbeit funktioniert nun erstaunlich gut. Wir sammeln Feuerholz, konstruieren einen Unterstand für den Fall von Regenfällen, spannen die Hängematten zwischen die Bäume. Leider bleibt dabei die zweibeinige Geräuschentwicklungsmaschine Huntz mit seiner schwankenden Schlafstätte ganz in meiner Nähe. Baumriesen sind von Epiphythen besetzt, an einem nahen Moderbach taucht eine hell- bis dunkelbraun gemaserte Schlange auf. Ohne dass es jemand verhindern kann, befördert sie Anand mit einem Buschmesser ins Jenseits. „Eine Surucucú", klärt er auf, „die konnte ich aus Sicherheitsgründen für uns alle nicht leben lassen. Nach dem Biss bist du sechs Stunden später tot." Es dämmert. Wir hocken rund ums Feuer. Rauch steigt auf und verliert sich zwischen den mächtigen Kronen. Es gibt aufgespießte Hühnerteile, dazu vorgekochten kalten Reis aus Plastikschüsseln. Leise tischt Anand Geschichten vom Furcht erregenden Waldgeist Curupira auf, einem Männlein, das alle bestraft, die die Natur nicht achten. Ob der Guide nun Rache für das gewaltsame Ende der Schlange befürchtet? Anand redet mit einem solch getragenen Ernst, dass ich glaube, dass er daran glaubt. „Ja, der ist irgendwo da draußen und kann sich auch unsichtbar machen", sagt Anand und starrt beunruhigt in die Finsternis. Einmal sei ihm der Zwerg bereits begegnet. „Der ist wirklich gefährlich und kann sogar beißen", flüstert Anand. Zubettgehzeit in die Hängematten ist um halb acht. Zwischen den Blätterdächern funkeln die Sterne hindurch.

Tag vier – Aufbruch zu neuen Ufern

Schlecht geschlafen. Animalischer als all das nächtliche Zirpen, das Umherwandern von Gürteltieren und die gellenden Schreie der Brüllaffen war, wie befürchtet, die Lärmerzeugung meines Hundert-Kilo-Hängemattennachbarn Huntz. Eine lange Abfolge aus Röcheln, Geschnarche und Gefurze bis kurz vor Sonnenaufgang. Ob dies die Attacken wilder Tiere vielleicht entscheidend abgehalten hat? Dann müsste ich Huntz auf ewig zu Dank verpflichtet sein. Mein Rücken und mein Nacken schmerzen, das Gedärm hat sich in der Matte verkrampft. Jeder zieht seine Zahnbürste hervor, ein seltsames Utensil im Dschungel. Abbau des Lagers, Rückmarsch, Aufbruch zu neuen Ufern auf der Dona Tania. Am Mittag folgt ein Stopp in einem neuerlichen Labyrinth der Wasserstraßen, später im Indiodorf Terra Preto. Dreh- und Angelpunkt des Ortes: das zentrale Fußballfeld. Fragt sich, wann Brasilien seinen nächsten Weltmeistertitel holen und ob möglicherweise irgendjemand aus Terra Preto am Triumph beteiligt sein wird. Der holprige Untergrund dürfte bestens die Technik schulen, glaube ich als alter Fußballer beurteilen zu können. Rundherum sehe ich Stelzenhäuser, trocknende Wäsche, freilaufende Hunde und Hühner. Eine kleine, fröhliche Kinderschar folgt uns. Man will uns Samenketten verkaufen, Blasrohre und einen aus Holz gefertigten Helikopter en miniature. Ein abscheuliches Stück! Am Nachmittag fahren wir in den Cueiras ein, einen Zufluss des Negro, und folgen den langen Windungen. Zwischendurch: Freiluftduschen auf dem Oberdeck mit warmem dunklem Wasser. Wir nutzen die Gunst der Stunde, denn die Pumpen für die Duschen funktionieren nur bei laufendem Motor. Eine düstere Regenfront zieht auf. Schauervorhänge. Zuckende Blitze. Irgendwo verlieren sich einsame Hütten. Ob es hier überhaupt jemanden interessiert, wer und wie Brasilien regiert?

Tag fünf – Zauberwälder aus Baumgerippen

Unser frühmorgendliches Birdwatching fällt ins Wasser, unaufhörlich klopfen Regentropfen auf Deck. Als es aufklart, steht eine Kanutour auf dem Cueiras an. Einst wurden hier Teile von „Anaconda“ gedreht, einem stereotypen Bestienstreifen, in dem Leinwandstar Jennifer Lopez nachhaltig unter Beweis stellte, dass sie zwar ein gerüttelt Maß an praller Schärfe, aber bedauerlicherweise kein Schauspieltalent besitzt. Wir setzen ganz auf Muskelkraft, gleiten lautlos zwischen knorrigen Stämmen und Stümpfen der Überflutungsforste hindurch. Zauberwälder aus Baumgerippen, Wege durch die Einsamkeit. Der Fluss ist klar und braun, hat kaum Strömung. Unter Wasser treiben

Pflanzenteppiche, in der Ferne fliegen Tukane davon. Wind spielt in den Blättern, Äste schürfen an der Kanubordwand vorbei. Ein weiteres Highlight. Würde Huntz nicht gelegentlich Beben jedweder Art verbreiten, wäre die letzte Nacht an Bord in kompletter Stille verlaufen.

Tag sechs – Rückkehr und Sehnsucht

Rückfahrt. Vom Cueiras zum Negro und auf dem Negro nach Manaus, Tempo zehn km/h. Keine Chance, seekrank zu werden. Dauerregen gibt Zeit zum Schachspiel. Wir halten uns in Ufernähe. Nach dem Lunch schwebt Küchenengel Vilauba mit Kaffee und selbst gebackenen Kuchen heran. Früh nachmittags gerät Manaus ins Blickfeld. Am Hafen herrscht Hektik. Wir gehen von Bord. Der Anblick von Autos wirkt wie ein Kulturschock. Da wünsche ich mich gleich zurück auf die Dona Tania und in die Weiten des Dschungels.

MEIN LIEBLINGSHOTEL

Piranhafischen und Kaimansafari, die allgegenwärtige Präsenz des Rio Negro, ein Ausflug zum „Großen Strand" und zum Dorf von Lubia und Sebastião – die Regenwaldlodge Ariaú Amazon Towers, zwei Bootsstunden von Manaus entfernt, bleibt mir unvergesslich. Mein Lieblingshotel, nicht nur in Amazonien, sondern überhaupt.

„Das wahre Amazonien ist im Dschungel vergessen, während die öffentliche Meinung durch leicht verkäuflichen Sensationsjournalismus geprägt wird, der sich auf das Abfackeln in der Region beschränkt, eine katastrophale Sicht der Dinge, die den Eindruck erweckt, als näherten wir uns der Apokalypse."

Francisco Ritta Bernardino, Gründer der Ariaú Amazon Towers, in seinem Buch „Amazon Emotions", 1998

Stinkendes altes Rinderherz scheint ein Leckerbissen zu sein. Kaum sind die fein portionierten Köder im Wasser gelandet, zupft es bereits an unseren Angeln. Es dauert nicht lange, dann habe ich den ersten Piranha am Haken – doch was nun? Dschungelguide Alan zieht die Schnur mit einem festen Ruck heraus und zeigt mir, wie ich einen Piranha vom Haken löse, ohne dass die messerscharfen Zähne in meine Schreibhand fahren. „Das hier ist ein roter", klärt Alan auf, „der ist besonders gefährlich und aggressiv."

Das Amazonastiefland lässt mich nicht los. Nach meiner sechstägigen Dschungelboottour finde ich in den Ariaú Amazon Towers aufs Neue die Erfüllung. Piranhafischen für die Gäste ist eine Sache, die atemberaubende Struktur der Anlage eine andere: Holztürme und Baumhäuser, errichtet über den Feuchtgebieten am Rio Negro und untereinander über hölzerne Stege verbunden. Das kilometerlange Stegenetz bringt es auf Höhen von weit über zehn Metern und führt mitten durch den Regenwald. Still im Hintergrund hält sich das geheimnisvolle Band des Rio Negro, des Schwarzen Flusses.

Ein komfortables Baumhaus ist mein Quartier, das Wildlife umher zum Greifen nah und derart unverfälscht, dass ich gleich am Ankunftsabend in der Nähe meines Domizils von Fledermäusen umschwirrt und einem achtbeinigen Empfangskommando in Form einer Vogelspinne erwartet werde. Früh am Morgen turnen Affen über das Dach, Papageiengekreisch dringt heran. Zwischen Baumhaus und Lodgerestaurant beobachte ich Faultiere, Riesenleguane und Tukane in den Bäumen.

Gründer der Ariaú Amazon Towers war Francisco Ritta Bernardino, der ganz genau hinhörte, als der französische Dokumentarfilmer und Oscarpreisträger Jacques Cousteau (1910–1997) Anfang der 1980er-Jahre nach Amazonien kam. Cousteau stieg in Ritta Bernardinos Stadthotel in Manaus ab. „Heute ist die Welt besorgt wegen eines Atomkrieges, doch diese Bedrohung wird verschwinden", prognostizierte der auch in Deutschland hinlänglich bekannte Forscher. Der Krieg der Zukunft werde zwischen denen ausgetragen werden, die die Natur zerstören und jenen, die sie verteidigen wollen. „Amazonien wird im Auge des Hurrikans liegen", fuhr Cousteau fort. „Wissenschaftler, Politiker und Künstler werden hier landen, um zu sehen, was mit dem Regenwald geschieht." Ritta Bernardinos ökologisch-wirtschaftlicher Antrieb war geweckt. Einige Jahre später eröffnete er eine kleine Urwaldlodge in unverfälschtem Umfeld. Heute nennt sich die von ihm ins Leben gerufene Anlage der Ariaú Amazon Towers das „weltgrößte Baumkronenhotel". Es ist eine Mega-Oase mit elitärem Anstrich, auch wenn viele Normalsterbliche wie ich oder Sara aus Vancouver anreisen, mit der ich die Beobachtungsterrassen erkunde. Politiker wie Ex-US-Präsident Jimmy Carter und Hollywoodstars wie Kevin Costner sind schon hier gewesen, Sänger wie John Denver, Computermogul Bill Gates, Literaten und gekrönte Häupter wie Spaniens König Juan Carlos, als der noch nicht abgedankt und als Elefantenjäger und außerehelicher Hormonbetätiger erfolgreich Gesichtsverlust betrieben hatte.

„Wenn ich im Dschungel bin, bin ich zuhause", sagt Alan, der als Urwaldguide zum Großteam der Ariaú Amazon Towers gehört und mir während der Tage in der Lodge als treuer Begleiter zur Seite steht. Als Mischling eines Brasilianers und einer Peruanerin mit Indioblut geboren, wuchs er am Rio Madeira Richtung der Grenze zu Bolivien auf. Da standen zwei Hütten nebeneinander, die seiner Eltern und die seines Onkels, erzählt er. Bis er zwölf war, habe er dort gelebt. Alan spricht gutes Englisch, gerade lernt er mit Hilfe eines Wörterbuchs und gelegentlicher Gäste etwas Französisch hinzu. Nach 25 Arbeitstagen hat er fünf Tage frei, in der Lodge trifft er sich in der Freizeit mit anderen Angestellten manchmal zum Fußballspielen. Die meisten kicken barfuß.

Alans rechte Hand ist Bootsführer Beto, ein drahtiger Kerl, der bei der Gruppenausfahrt am zweiten Abend ganz vorne im Kanu verharrt. Derweil hat Alan das Bootskommando übernommen. Angespannt steht Beto dort, den Oberkörper entblößt. In der Finsternis gleitet unser Scheinwerfer über Wasser, Ufer, Wurzelgeflechte. Insekten wirbeln umher, ein Fisch springt ins Boot. Plötzlich ist er da: ein Kaiman. Im Licht verraten ihn die rötlichen Reflexe seines Augenpaars. Alan drosselt das Tempo, fährt das Kanu sachte heran und bringt es in Stellung. Dann stürzt sich Beto beherzt ins Ungewisse des tiefschwarzen Wassers, ich möchte nicht mit ihm tauschen. „Hier ist er“, schnauft er kurz darauf und hält Schwanz und Nacken des Kaimans fest umklammert. „Auf einen Kaiman muss man richtig draufspringen und ihn quasi in einen Schockzustand versetzen“, erläutert Alan, der das Urzeitreptil so behutsam wie möglich ins Boot zieht. Es ist ein Jungtier, keinen halben Meter lang. Im Taschenlampenschein betrachten wir Zähne und Augen und Schuppen, fahren mit den Händen über das glatte Leder des Unterbauchs. „Das essen die Einheimischen zwar auch“, sagt Alan, „doch so richtig lieben sie das Schwanzstück, das ist für sie das Filet." Alan entlässt den Kaiman zurück in die Freiheit.

Über Nacht geht ein Unwetter über die Ariaú Amazon Towers hinweg, mein Baumhaus zittert. Tags darauf wirft Beto den 40-PS-Außenborder für den nächsten Flusstrip an. Bei der Vorbeifahrt zeigt mir Alan einen Samauma-Baumgiganten, der 400 Jahre alt sein soll. Oberhalb der verschlängelten Wasserstraßen liegen gerodete Flächen mit Stelzenbauten. Wir besuchen eine Indiofamilie, die Frau des Hauses führt mich durch den Kräutergarten. Verschiedenste Aufgüsse helfen bei Muskel- oder Magenschmerzen, erfahre ich. Eine spezielle Kräuteressenz gibt man hinzu, um Babys zu baden. Auf dem Speisezettel der Familie stehen üblicherweise Fisch, Mais, Maniok, Früchte. Am Abend stehen Ritualtänze anderer Indios in einem palmstrohgedeckten Versammlungshaus auf dem allzu touristischen Plan – doch es wird überraschend schön. Der Weg vom Bootsanleger zum Haus ist mit Öllämpchen ausgeleuchtet, die aufflammende Musik einfach, monoton, dennoch liebenswert. Ein Schildkrötenpanzer dient als Resonanzkörper, den musikalischen Rest besorgen Flötenklänge. Danach wird Kaimanfleisch aufgetischt, schmackhaft, blütenweiß und wunderbar weich.

Anderntags tauchen wir tiefer in die Natur aus Baumriesen, Pflanzeninseln, aus dem Wasser ragenden Strünken und Überflutungswäldern ein, stoppen im Dorf Acajatuba. „Der Ort ist touristisch, hier gehen Ausflüge von den umliegenden Wildnishotels hin", bereitet mich Alan vor, aber meine Eindrücke werden – sieht man von ein paar Andenkenhütten ab – ganz andere sein. Fixpunkte in Acajatuba sind das Fußballfeld mit einer winzigen Holztribüne und die Kirche Nossa Senhora do Perpétuo Socorro, in der ein modernes, rotblaues Marienbildnis verehrt wird. Auch sonst scheinen es die Bewohner gerne bunt zu lieben, manche Holzstelzenhäuser tragen Anstriche in Pastellblau und -rosa. Der Presidente, der Dorfvorsteher, findet sich zum Plausch ein und stellt sich als Sebastião vor. Eine gute Gelegenheit, mein Portugiesisch zu reaktivieren. Der Posten des Dorfvorstehers wechselt nach einer Wahl alle zwei Jahre, ein gutes Beispiel für Basisdemokratie. Aus einem Paranussbaum kracht ein größeres Exemplar neben uns auf den Boden, wir wechseln die Stellung. Sieben Kinder habe er, Sebastião. Zwei wohnen noch zuhause, vier verstreut im Dorf, ein Sohn sei nach Manaus abgewandert. Die Großstadt Manaus aber sei nichts für ihn, Sebastião. Der Lärm, die Autos, all dies mache ihn nervös. „Was will man mehr?“, fragt er und scheint sich an dem wunderbaren Blick über den Fluss nicht sattsehen zu können. Fernseher und Boote mit Motor stören ihn hingegen nicht. Ganz früher musste man im Kanu nach Manaus und wieder zurück paddeln, erinnert er sich.

Stolz erzählt Presidente Sebastião, dass es im Dorf einen Krankenposten und eine Schule gibt und führt mich dorthin. Der Blick auf die Tafel im Schulraum zeigt, dass gerade Mathematik auf dem Stundenplan steht. In der Pause gesellt sich die Dorfschullehrerin zu uns. Im Laufe der Unterhaltung prangert sie an, dass es ihren Kollegen in der Stadt einzig darum gehe, ihr Gehalt zu kassieren und nicht, den Kindern richtig rechnen, lesen und schreiben beizubringen. Engagement und Idealismus bei

Lehrern?! Über dieses international übergreifende Thema könnte ich aus eigener Erfahrung eine mehrseitige Streitschrift zum Personal an deutschen Grundschulen und Gymnasien verfassen. Nun ja, ich hatte auch gute Lehrer. Die waren allerdings in der Minderzahl.

Im Dorfladen schaue ich beim beleibten Besitzer vorbei, dessen Sortiment von eiskalten Drinks über Eier und Shampoo bis zum Zuckerrohrschnaps reicht. „Für die Dschungel-Caipirinha“, sagt er und lacht. Plötzlich steht Lubia vor mir, eine zarte, junge Schönheit in Gummischlappen. Sie sei hier geboren und will niemals weg, sie liebe Amazônia, sagt sie, den Fluss, die Ruhe. Dann nimmt sie mich, den Fremden, mit der größten Selbstverständlichkeit an die Hand, als würden mir uns lange vertraut sein und sagt mit einem erfrischenden, gewinnenden Lächeln: „So, jetzt zeige ich dir unser Haus.“ An einem großen Kocheck geht es vorbei in den Holzhaustrakt, ich blicke ins Zimmer der Eltern, ihrer Geschwister, von ihr selber. Man stelle sich wieder einmal den umgekehrten Fall vor: Ich führe eine Brasilianerin, die ich eben erst kennengelernt habe, durch das heimische Reich. Einfach so, ohne jedwede Hinterabsicht. Der Enthusiasmus bei meiner Familie würde sich, so meine vorsichtige Vermutung, in Grenzen halten. Hier hingegen werde ich freundlich begrüßt. Im Wohnzimmer steht das Fernsehgerät im Zentrum, dann öffnet Lubia die Holzläden, durch die der Fluss in der Ferne in Traumansicht daliegt. Dass sie nicht weg will von hier, kann ich irgendwie verstehen. „Warte“, sagt sie, verschwindet kurz und schenkt mir zwei Stachelschweinstacheln.

Praia Grande, der „Große Strand“ auf einer Insel am Rio Negro, ist ein weiteres Highlight. Ich sehe mir Kreuze auf dem Friedhof der Fischer an. Das ganze Leben haben sie am und mit dem Wasser gelebt, nun bleiben sie über den Tod hinaus eng verbunden mit dem Schwarzen Fluss. Alan liebt Jogging, ich liebe Jogging. Es ist wie es ist: Wir joggen am Flussstrand der Praia Grande entlang, durch schwarzes Wasser, zwischen bizarren Bäumen hindurch, über Sand, über Wurzeln, mit nackten Oberkörpern, über eine Stunde, hin und zurück, ohne Rücksicht auf Achillessehnenschmerzen und Sonnenbrand. Danach tauchen wir ab in die warmen, schwarzen Wasser des Rio Negro. „Hier gibt es keine Kaimane und keine Piranhas“, versichert Alan vor dem Bad. Und keinen Candirú, den Fisch, der sich durch des Menschen genitale Körperöffnungen den Weg ins Innere bahnt. Davor hat Alan mehr Angst als vor einem Schwarm Piranhas.

Das Bad im Schwarzen Fluss kommt mir farbmäßig so vor, als würde ich mich in Kaffeelauge aalen. Während Bootsführer Beto auf uns wartet, stoßen Alan und ich im Hinterland der Praia Grande zur Ein-Mann-Maniokverarbeitung von João vor. Das Radio läuft, überall hängen Kabel herum. In der Wildnis muss jeder sein eigener Elektriker und Landwirt sein, Fischer, Schlachter, Reparateur für alles. Die Freundlichkeit von Menschen wie João überwältigt mich einmal mehr. Benzin für sein Boot und den Generator kauft er von fahrenden Händlern. Auf dem Rückweg zum Großen Strand erzählt mir Alan von Beto, unserem Bootsmann, der einige Jahre zuvor in ein verhängnisvolles Ereignis in Manaus verwickelt war. „Da waren zwei Typen, die bedrohten ihn mit dem Messer, um ihm seine nagelneuen Sportschuhe abzunehmen“, sagt Alan. Beto verteidigte sich und bezahlte den Mut der Verzweiflung mit einem wochenlangen Krankenhausaufenthalt. Sie rammten ihm das Messer in den Bauch und klauten die Schuhe. Meine Eindrücke von Brasilien und den Brasilianern bekommen einen Dämpfer, in meinem persönlichen Ranking nehmen sie zusammen mit Kolumbianern und Venezolanern eigentlich die „Top Drei“ des Kontinents ein. Kriminalität darf ebenso wenig wie Korruption oder politische Verblendung als Maßstab genommen werden.

Bei weiteren Bootsausflügen bekomme ich rosa Flussdelfine zu Gesicht, schwer definierbare Schlangen im Halbdunkel, Kaimane im Überfluss und sogar einen regelrechten Kaimankindergarten mit über einem Dutzend Winzlingen. Alan und Beto bringen mich auf den versteckten Wasserliliensee und vor Sonnenaufgang auf den Schwarzen Fluss, über dem gespenstisch der Dunst steht, bevor er in tausend Fetzen zerfällt. Sicher ließen sich tagesfüllende Debatten über das Für und Wider von Ökotourismus im Allgemeinen und Urwaldlodges im Besonderen führen und darüber, ob man einen Kaiman als kurzzeitige Touristenbeute an Bord ziehen und als Dschungelgast Piranhas fischen darf. Nun, die zu Kapitelbeginn gefangenen Fische fanden letztlich einen sinnvollen Abnehmer: meinen Gaumen. Die einzige Frage abends im Restaurant der Lodge lautete: gegrillt oder als Piranhasuppe …?

Zum Abschied von den Ariaú Amazon Towers mache ich Ihnen und mir nichts vor: Der Aufenthalt ist sicher kein „echtes“, sondern ein sorgsam kontrolliertes Abenteuer gewesen. Begeistert hat es mich trotzdem, zumal alles echt war. Die Flusslandschaften. Die Tiere. Und Menschen wie Sebastião und Lubia.

OLINDA, DIE SCHÖNE, DIE STILLE, DIE BEBENDE

Eigentlich ist Olinda ein herrlich beschauliches Stadtziel in Brasiliens Osten und dank der Kolonialpracht Weltkulturerbe. Während des Karnevals bricht es jedoch aus den Menschen heraus. Dann steigen Klangbeben in höchste Dezibelsphären, dann wird jeder mit der ultimativen Dröhnung versorgt.

„Ó linda situação para se construir uma vila."

Stadtgründer Duarte Coelho (um 1485–1554) im Sinne von: „Oh, welch schöne Lage, um eine Stadt zu gründen" – das „Ó linda" zu Beginn des Ausspruchs gab Olinda den Namen

„Fahr' unbedingt nach Olinda!", hatte mir mein alter Fußballkumpel Speedy ans Herz gelegt. „Wenn du ein Stück echtes Brasilien sehen willst, musst du nach Olinda." Die Altstadt von Olinda zählt ohne Zweifel zu den schönsten des Landes und zum Weltkulturerbe der UNESCO. Gewöhnlich steht Ruhe in den gepflasterten Gassen, das

Leben geht etwa 360 Tage im Jahr seinen gemächlichen Gang. Friedensbilder bestimmen die Szenerie, Kulissen aus flachen, rostrot geziegelten Häusern mit Fassaden in Kalkweiß, Gelb, Orange und Blau. Gegründet 1537, stieg Olinda während der frühen Kolonialzeit zu einem Zentrum der Zuckerindustrie auf und sah sich im 17. Jahrhundert vorübergehend von den Holländern besetzt; nach der portugiesischen Rückeroberung begann ein Bauboom im Stil des Barock. Hoch auf dem Altstadthügel geben Palmen und Flamboyantbäume den Blick auf die blauen Weiten des Ozeans frei und hinüber auf die Skyline des nahen Stadtnachbarn Recife. Erhalten hat sich in Olinda ein architektonisches Kolonialerbe aus gut dreißig Gotteshäusern. Besonders schön ist die Igreja da Misericórdia, im Kloster ist eine Außenstelle der Missionsbenediktinerinnen von Tutzing ansässig. Das Kirchlein São José dos Pescadores trägt zwei winzige Glockenturmaufsätze, beim Betreten der Kathedrale laufen Glaube und Aberglaube ineinander. Man solle mit dem rechtem Fuß beginnen und still drei Wünsche äußern, heißt es im Volksmund. Meist scheint das historische Viertel so still und tot dazuliegen wie die Sarggeschäfte in der Rua do Sol, wo Mustermodelle in offenen Vorräumen ausgestellt sind. Einmal im Jahr jedoch bricht es urgewaltig aus Olinda und seinen Bewohnern heraus, dann gibt es kein Halten mehr, die Beschaulichkeit weicht bebenden Klängen. Und ich komme punktgenau falsch oder richtig – Karneval in Olinda!

Kaum eingetroffen, schreit mir jemand einen Willkommensgruß zu und besprüht mich mit Funspray. Die Unterkünfte sind knapp. Ich lande in einer Gemeinschaftsbude mit Stockbetten, die ich mit einem verkifften Schweizer, einem verkifften Israeli und einem semiverkifften Deutschen teile, der als Zugabe das säuerlichst riechende Hemd aufbietet, das mir jemals unter die Nasenflügel gekommen ist. Das Ambiente minimiert meine Lust auf längere Verweildauer, also ab ins Getümmel des Straßenkarnevals. Wüst und unverfälscht geht es her. Bier-, schnaps- und schweißdurchtränkte Horden wogen umher und singen sich heiser, was mich zunächst an Karneval in meiner deutschen Urheimat erinnert. Zum Glück gibt es hier weder Büttenredner noch Auftritte anderer Rampensäue in Dorfgemeinschaftshäusern, wo das Kondenswasser von innen an den Scheiben herabläuft. Eben dies durfte ich während meiner ersten journalistischen Gehversuche bei den Dürener Nachrichten oft genug verfolgen und Karnevalstermine auf dem Land wahrnehmen. Eine Schulung fürs Leben.

Auf Olindas Rathausvorplatz und an Freiluftbühnen verweben sich wippende, hopsende, tanzende Menschenknäuel in Plastikschlappen. Das ist kein aufgeblasenes Spektakel, das ist kein Sambarausch wie in Rio de Janeiro, sondern ein Karneval der einfachen Art. Nicht jeder Festfreudige ist kostümiert, nicht jeder kann es sich leisten. Manche setzen auf sympathische wie praktische Low-budget-Versionen mit Hüten aus halben ausgehöhlten Wassermelonen. Verkleidungsverwendung statt Mülltonne. Schwangere feiern selbstverständlich mit und kreisen und wirbeln in bauchnabelfreien Shirts, was vielleicht nicht der größten Ästhetik entspricht, aber den Nachwuchs praktischerweise bereits vor der Geburt an die Traditionen heranführt. Blocos, musizierende Einheiten, stehen mit Pauken und Trompeten im Dauereinsatz. Nicht schön, aber laut bis extrem laut. Typ wildgewordene Dorfkapellen auf dem Weg ins Delirium. Autos mit Lautsprecheraufsätzen bahnen sich den Weg durch die Menge, gekrönt von bis zu sechzehn Boxen auf dem Dach, wie ich rasch durchzähle, während ich mir die Ohren zuhalte. Die Definition von Lärm verlangt nach neuer Dimension. Was sich im nahen Recife, dem „Venedig Brasiliens", fortsetzt. Auch hier kocht der Karneval auf Höchsttemperatur. Beim Vorbeizug von Musikgruppen mit Megamusikanlagen verfolge ich, wie der Putz von Hausfassaden rieselt. Es sind rauschende Härtetests für Leib, Seele, Trommelfelle. Männer kommen bei einer Parade in prächtigstem Federschmuck daher, breiten die Arme in Flügelspannweiten von zwei bis drei Metern aus.

Recife zieht Millionen mit seinem Karnevalstrubel an, dagegen ist Olinda Provinz und eher nach meinem Geschmack. Mobile Händler wieseln mit Bauchläden und Handkarren umher. Über Gassen sind Reihen mit Plastikgirlanden und Glühlampenreihen gespannt. Alles wirkt spontan und organisiert zugleich. Die Polizei hat die Altstadt weiträumig abgeriegelt und unterschiedlichste Stützposten bezogen. Das Fest geht ausgelassen, aber friedlich zu. Kinder bespritzen Passanten mit Wasserpistolen, Menschenmassen strömen hin und her. Die Dekolleteefüllungen einzelner Damen drängen deutlich sichtbar ins Freie. Und vor den Sarggeschäften in der Rua do Sol wird getanzt, als gäbe es kein Morgen. Anderswo sehe ich Dosensammler, Jungs mit schweren Styroporkästen voller Sandwiches und eine Kloreinigung, bei der nur noch der Dampfstrahler hilft. Gleichzeitig riecht es nach Grillspießen, Hot-dogs, gekochten Maiskolben, Alkohol, dann wiederum nach Humanausscheidungen. Eine pikante Mixtur und eine Wohltat im Vergleich zur Aura in meiner gottserbärmlichen Unterkunft, wo mich vor der Bettruhe die Gedanken zur Stechfolge der Moskitos beunruhigen. Bitte, ihr Piksbiester, macht euch erst an mir und dann an meinem semiverkifften Landsmann zu schaffen, nicht umgekehrt! Und lasst Gnade walten, indem ihr auf dem Weg zu mir bloß keine Zwischenlandung auf seinem Hemd einlegt!

Journalistische Neugier treibt mich am Morgen zu einer lokalen Gesundheitsstelle, wo ich eigentlich nur dem Gerücht nachgehen will, ob es wahr ist, dass während des Festes Gratiskondome verteilt werden. Als sich die Tür öffnet, spreche ich einen älteren Mann in offizieller Kleidung an und frage nach. Dieser vermutet bei seinem Gegenüber einen akuten Notstand, zieht aus der Tasche eine Packung mit Nahkampfmützen und schenkt sie mir. Eigentlich ginge das erst ab zehn Uhr, sagt er, doch er würde bei mir eine Ausnahme machen. Und lächelt dazu vielsagend und verständnisvoll.

Bewegende Karnevalserfahrungen scheinen die Regel zu sein in Olinda. Unter die Gürtellinie gehen weitere Minimalisten unter den Verkleidungskünstlern. Männer, die nichts weiter anlegen als Seniorenwindeln. Nicht ohne sie im Genitalbereich vorher massig ausgepolstert zu haben, um die Dimensionen der erhärtbaren Weichteile zu betonen.

„Fahr' unbedingt nach Olinda!", kommt es mir wieder in den Sinn. Warum nur war mir entgangen, Speedy zu fragen, ob er während oder gerade nicht während der Karnevalszeit gemeint hatte. Werde beim nächsten Wiedersehen dringend nachfassen.

DER TAFELBERG RUFT

Bevor ich zum dreitägigen Tafelbergtrekking auf den Chirikayen aufbreche, nutze ich die Zeit, um von Venezuelas Südosten kurz hinüber nach Brasilien zu radeln. Ein nettes Vorspiel, doch der Höhepunkt wird die magische Landschaft der Tafelberge sein. Strapazen all inclusive.

„Ich bin geneigt zu denken, dass ein guter Bergsteiger wie ich selber den Fels bis zum Gipfel hinaufgehen könnte."

Romanfigur Professor Challenger in „The Lost World", in dem Autor Arthur Conan Doyle (1859–1930) die Handlung um die Erkundung eines geheimnisvollen, anscheinend von Urtieren bewohnten Tafelbergplateaus in Südamerika aufzieht

„Morgen geht's los auf den Tafelberg, dann haben wir planmäßig das Grüppchen zusammen", sagt Eric Buschbell, ein gebürtiger Kölner, den der Wind des Schicksals in den Südosten Venezuelas geweht hat. Dort, im Tafelbergland, ist er in der entlegenen Kleinstadt Santa Elena de

Uairén Chef von Backpacker Tours. Für die Übergangszeit bis zum Start auf den Chirikayen leiht er mir ein Rad, worauf ich mich entscheide: Später, nach einem kleinen Rundgang, fahre ich hinüber nach Brasilien! Ein wenig Bewegung tut gut, denn die hinter mir liegende elfstündige Nachtfahrt im Bus von Ciudad Bolívar nach Santa Elena de Uairén ist nicht ohne gewesen. Wobei mir Kurven und Körperkrummhaltung weniger zugesetzt haben als die einströmenden Kältewellen, auf die ich gleichwohl mit Jacke, Fleeceshirt, Halstuch und Schlafsack vorbereitet gewesen war. Trotzdem waren die Füße vorübergehend fast abgestorben, und in Wachphasen spürte ich einen leichten Eishauch vor dem Mund. Zum besseren Verständnis sei ergänzt, dass die Gefrierschrankkühle in venezolanischen Bussen nicht von außen hineinzieht und keine natürlichen Ursachen hat, sondern auf dem humangesteuerten Radikaleinsatz der Klimaanlage beruht.

Santa Elena de Uairén ist sicher kein Ziel von Welt. Das Herzstück formt, wie überall in Venezuela, die Plaza Bolívar. Ein Platz mit Palmen, Sitzbänkchen und dem obligatorischen Denkmal für den historischen Unabhängigkeitsstreiter Simón Bolívar (1783–1830) in der Mitte. Neben einem Karren wartet ein Orangenpresser auf Kundschaft. Über das Stadtbild verteilen sich einige kleine Hotels und Restaurants, Geschäfte mit Haushaltswaren und Kleidung. In einem Shop steht ein Laufband im Angebot. Kabelstränge an Fassaden sind abenteuerlich verknüpft von den Pfosten zu den Häusern und über die Straßen hinweg. Ich lese Werbehinweise zu „spiritueller Beratung“ und „Ankauf von Gold und Diamanten“. Am Zutritt zur wuchtigen Steinquaderkirche mahnt ein Schild die Abschaltung des weltweit liebsten Spielzeugs an: „Um mit Gott zu sprechen, brauchst du kein Handy."

Es gibt einige feudale Villen mit gepflegten Rasenflächen, viele Straßenzüge in Santa Elena de Uairén sind indes nicht frei von Tristesse. Eric fühlt sich trotzdem wohl. Hier hat er sich seine Existenz aufgebaut, hier lebt er mit seiner Familie. „Wir sind einfach happy", sagt er. Was ihn am meisten fasziniert in seiner Wahlheimat? „Die Tafelberge", stößt er hervor, obwohl er sie schon hunderte Male gesehen hat. Als ich an einer Tankstelle den Stau von Autos aus Brasilien sehe, die zum Billigtanken gekommen sind, fällt mir ein: Richtig, nach Brasilien wollte ich doch! Und zwar unmotorisiert, mit dem Rad. Und zwar vornehmlich deshalb, um der Nachwelt berichten zu können, ich sei einmal von Venezuela nach Brasilien geradelt. Die Grenze ist nur fünfzehn Kilometer entfernt, die Szenerie erfrischend unspektakulär. In den Außenbezirken des Städtchens besiegt das Grün allmählich den Beton. Ich passiere seichte Hügelkulissen, muss an einem Kontrollposten stoppen, sehe beiderseits der Straße abgebranntes Buschland. In den warmen Wind mischen sich Abgasschwaden, die Route ist recht stark befahren. Ich spüre die Vorfreude auf das dreitägige Tafelbergtrekking auf den Chirikayen und frage mich, warum über Plastikflaschen und Blechdosen hinaus auch CD-Rohlinge im Straßengraben gelandet sind. Die Grenze durchradele ich erstaunlicherweise ohne Kontrolle, kurz dahinter haben ein paar Trucker unter einem Lastwagenhänger Hängematten aufgespannt. Der geschäftige Grenzort La Linea macht keinen berauschenden Eindruck, doch ich bin wieder in Brasilien! Ich rumpele einmal die Hauptstraße hoch und runter, vorbei an Shops mit Hüten, Korbtaschen, Flipflops, Kappen in den Farben der brasilianischen Flagge. Irgendwer wirft vor meinen Augen aus einem Haus gebrauchte Batterien auf die Straße.

Zurückgekehrt nach Venezuela, schiebe ich wahllos einen Abstecher ein: einfach eine Straße nach links, die später in eine Piste übergeht. Es ist früher Nachmittag, ich habe noch Zeit. Landarbeiter mit Macheten und Schulkinder in dunkel- und hellblauen Uniformen sind auf dem Weg nach Hause. Überall tausche ich einen freundlichen Gruß. In der Ferne steigen Rauchsäulen aus einer bewaldeten Bergkette auf, im ersten größeren Ort reicht die Palette der Behausungen von Bretterverschlägen bis zu soliden Steinhäusern in farbigen Anstrichen. Aufgeleinte Wäsche und Parabolantennen schieben sich ins Bild, Hibiskus- und Bougainvilleensträucher, Fußballtore und Basketballkörbe auf einem Sportfeld. Hühner laufen vor mir durch den Staub. Ein älterer Mann hält mich an. „Wohin fährst du, Freund?", fragt er. Ovidio heißt er und hat einfach Lust auf einen kurzen Plausch. Wieviele Einwohner sein Dorf hat, weiß er nicht. Nur dass viele Pemón hier leben, die in der Reihe der indigenen Völker Venezuelas stehen. Wolken lasten über den grünen Hügeln, ich radele bis zur Schule, dem „Colegio Gran Sabana". Unter dem Schulschild steht ein Spruch aus der Bibel, Johannesevangelium 8,32: „Ihr werdet die Wahrheit erkennen, und die Wahrheit wird euch frei machen." Im Dorfladen tanke ich Mangonektar auf, im Regal stehen Wecker, Taschenrechner und ein gebrauchter Fernseher zum Verkauf. Auf dem Rückweg nach Santa Elena de Uairén nehme ich ein Bad in einem Naturpool.

Der Aufbruch zum Tafelberg erfolgt zunächst motorisiert. Ein Landcruiser bringt uns durch Hügel- und Grasland ins Dorf Chirikayen, wo wir das Gepäck abladen und Führerin Celeste mit der Verteilung der Klopapierrationen für drei Tage beginnt. Pro Kopf eine Rolle. Sollte sich ein kulinarischer Tiefschlag einstellen, scheint mir das hart am Limit kalkuliert. Es ist später Vormittag, als wir uns nach einer Sandwichrast in Bewegung setzen: vier Südkoreaner, die kaum drei Brocken Englisch sprechen und dafür umso stärker Flatulenzlaute von sich geben, das argentinische Pärchen Tamara und Lucho, ich und die beiden Träger Orange und Leo, in deren Ausrüstung Zelte und Essensvorräte stecken. Ansonsten versteht sich von selbst, dass jeder seinen eigenen Rucksack schultert.

Der Chirikayen liegt in Sicht, ist rund 1650 Meter hoch, zum Greifen nah und doch so fern. Die Perspektive täuscht. Es wird einige Marschstunden dauern, bis wir an die Ausläufer der Abstürze gelangt sind. Majestätisch erhebt sich der Berg aus der Savanne. Büsche und Bäume drängen an seine Flanken. Oben zeigt er das nackte Gestein. Der Übergang zu seinem Hochplateau sieht aus wie mit einem zittrigen, nicht ganz symmetrischen Messerschnitt abgetrennt zwischen Erde und Himmel.

Tepuis heißen die Tafelberge in der Sprache der Pemón-Indios. Insgesamt gibt es mehr als hundert jener magischen Riesen, die Geologen zu den Zeugnissen aus der Erdurzeit rechnen. Bekannter und größer als der Chirikayen sind der Kukenan, der Auyan Tepui und vor allem der Roraima, der König der Tafelberge. Folgt man einer Legende, handelt es sich beim Roraima eigentlich um den Strunk eines riesigen Baumes, der vormals hoch hinauf in die Wolken ragte. Um an seine Früchte zu gelangen, machten sich die Urväter der Pemón daran, ihn zu fällen. Als der Baum schließlich kippte, stürzte die Krone mit den Früchten in die unerreichbaren Wälder des Nordens. Den Pemón war dies auf ewig eine Lehre. So fuhren sie mit ihrem Wanderfeldbau auf den kärglichen Böden der Savanne fort, während der gewaltige Stumpf als Mahnmal zurückblieb.

Der Chirikayen, dessen Name sich mit „Haus der kleinen Papageien" übersetzen lässt, ist so etwas wie ein Geheimtipp unter Trekkern. Papageien werden wir keine sehen, den Kontakt mit der Natur geben Zikaden, Heuschrecken, Vögel, Grasflure, Bachläufe, Busch- und Waldstücke. Bis zum Nachmittag werden wir dem Fuß des Bergrückens zustreben. Geradezu gebieterisch zeigt uns der Chirikayen seine Breitseite. Die Hitze kennt keine Gnade. Seit einem Jahr habe es nicht mehr geregnet, weiß Führerin Celeste. Der Staubpfad ist ein Weg durch die Einsamkeit und lehrt einmal mehr, was Weite bedeutet und wie lächerlich winzig sich der Mensch darin verliert. Das Grüppchen ist enorm auseinander gerissen. Ich halte mich hinten. Die Südkoreaner sind, nicht zuletzt dank ihres natürlichen Windhosenantriebs, vorausgeeilt. Ein Schattenstück gibt Erleichterung von der Glut, der Chirikayen verschwindet aus dem Blick. Sonnenlicht siebt durch die Kronen auf bemoostes Wurzelwerk, wir füllen unsere

Trinkflaschen an einem Flüsschen auf, legen eine längere Rast ein.

Unser erstes Camp erreichen wir am Nachmittag. Es liegt an einer Flussbiegung. Ein Stück abwärts aalen Tamara, Lucho und ich uns bald in einem Badepool. Unsere asiatischen Begleiter kommen hinzu, und es dauert nicht lange, bis Luftblasen aus dem Wasser aufsteigen. Das Abendessen fällt üppig aus. Reis, Huhn, Möhren-Kartoffel-Gemüse. Erstaunlich, was die Träger alles durch die Natur schleppen, zuzüglich Kocher und Kerosin. Die Südkoreaner haben getrocknete Algenplättchen mitgebracht und schmatzen sie lauthals hörbar weg. Das Lagerfeuer prasselt, vom Fluss dringt Froschquaken hinüber. Leo erzählt von seiner einstigen Arbeit in einer Goldmine bei Icabarú. Aufstehen um drei Uhr in der Nacht, Maschinenlärm bis zum Abend. Dagegen muss ein Trekking als Träger die reinste Erholung sein. 34 Gramm Gold habe einmal sein größter Anteil betragen, sagt Leo, wobei sein Patrón natürlich das meiste einsteckte und er zudem immer die Leihgebühren für die Maschinen zahlen musste. Für Goldsucher gelte generell die Verdienstregel: „Wenn du nichts findest, gibt es auch nichts." Sonntags dröhnten er und seine Kumpels sich regelmäßig mit Bier und billigem Rum zu. Celeste, unsere drahtige Führerin, erzählt, dass sie in den Minen schon als Köchin gearbeitet habe. Ansonsten hält sich ihre Mitteilungsfreudigkeit, wie seit Anbeginn, in Grenzen.

Im Hintergrund taucht der Mond den Chirikayen in helles Licht. Es ist, als stünde der Berg auf einer riesigen Bühne. Ich kann mich kaum vom Anblick dieser Urgewalt der Natur lösen, doch ich brauche Schlaf. Morgen früh steht die Bergbezwingung an.

Fest auftreten, am besten nicht nach unten sehen. Für einen Flachländer wie mich sind manche Passagen beim heutigen Steilaufstieg nicht unkritisch. In Farnen und Gräsern hängt Morgentau. Celeste führt uns in einer weiten Rechtsschleife über den Grat, nicht über die vertikalen Flanken. Der Pfad verliert sich zwischen Felsvorsprüngen und Sträuchern, die Perspektive des Berggiganten beginnt sich zu verschieben. Wind kommt auf, Eidechsen huschen über die Steine. Felsengebilde wirken wie aufgeschichtete Pfannkuchen. Die Konzentration auf die Schrittfolge lässt mich vorübergehend die Schönheit der Umgebung ausblenden. Unter wolkenlosem Himmel stehen wir irgendwann ermattet auf dem Plateau. Blütensträucher reichen an die Abbruchkante des Chirikayen, das Panorama ist grandios. Grasfluren, Felsbuckel, Waldinseln. Weit entfernt, wie auf eine Großleinwand gemalt, ragen einige der Giganten unter den Tafelbergen aus der Landschaft der Gran Sabana. Wolkenbänder schieben sich langsam heran.

Den Chirikayen verlassen wir nach der Gipfelpause, gestärkt durch Kekse, Salat, Schokolade. Am Rand des Plateaus wütet gerade ein Buschbrand. Der Wind trägt Rußpartikel und das Knistern des Feuers heran. Der Abstieg auf der anderen Seite ist weniger steil als gedacht, der Berg verliert an Kraft und Gewalt. Es geht über reichlich Geröll, später durch teils verbrannte, teils verdorrte Savanne. Umso erstaunlicher ist ein Naturpool, in dem wir ein Traumbad nehmen und in dessen Nähe wir die Zelte aufbauen.

Am Abend blicke ich durch den Zelteingang zu den Flammen auf, die nach wie vor am Chirikayen lodern. All die Feuer sind von Menschenhand gelegt. „Das ist, um die Tiere für die Jäger aufzuscheuchen“, erklärt Träger Orange. In der Dunkelheit stimmen die Koreaner Laute an, die sie diesmal auf oralem Weg ins Freie dringen lassen. Ein Chorgesang. A cappella. Wirklich schön und stimmungsvoll.

Am Morgen trägt der Chirikayen die Reste von Rauchschleiern. Zum Frühstück gibt es warme Maisfladen (arepas) mit Käse. Die Abschlussetappe geht über fünf Stunden ins Dorf Guará, wo der Landcruiser wartet. Der Marsch führt durch Senken und abgebrannte Savanne, vorbei an Steinen mit Flechtenüberzug, Farnen und frischem, hüfthohem Gras. Eine Patchworklandschaft.

„Unser Kontinent Südamerika ist einfach wunderschön“, sagt mir Journalistenkollege Lucho unterwegs, „aber es ist ein Kontinent voller Widersprüche.“ Er sei gesegnet mit allen Landschaften und Ressourcen, doch viele Leute wüssten heute nicht, was sie morgen zu essen haben. Und ohne die Kolonialherrschaft wäre die Geschichte ganz anders verlaufen. Doch die Uhren kann man nicht zurückdrehen. Leider.

Unterwegs begegnen wir zwei Pemón, die in Gummistiefeln und mit solchen Riesenmacheten unterwegs sind, für die man in Mitteleuropa wahrscheinlich Sonderanträge auf Waffenscheine stellen müsste. Kurz vor Guará drehe ich mich ein letztes Mal um. Der Chirikayen, „mein“ Tafelberg, hat unbemerkt Abschied genommen.

TIERPARADIES PAR EXCELLENCE

Anakondas, Kaimane, Süßwasserdelfine, Wasserschweine, eine faszinierende Vogelwelt – im Herzen der venezolanischen Llanos kommt alles zusammen. Das glutheiße Tiefland ist alles andere als monoton, die beste Zeit für Tierbeobachtungen ist die Trockenzeit wie jetzt bei meiner Reise im Februar. Dass in der Einsamkeit zwischendurch Harfentöne erklingen, muss zusätzlich überraschen.

„Das ewige Einerlei der Llanos, die große Seltenheit von bewohnten Plätzen, die Beschwerden der Reise unter einem glühenden Himmel und bei stauberfüllter Luft, die Aussicht auf den Horizont, der beständig vor einem zurückzuweichen scheint (...) – all dies zusammen macht, dass einem die Steppen noch weit größer vorkommen, als sie wirklich sind."

Naturforscher Alexander von Humboldt (1769–1859)

Ob ich ihr wirklich begegnen werde, der sagenhaften Anakonda? Venezuelas Tiefländer, die Llanos, sind bevorzugte Lebensräume der Riesenwürgeschlange, die ich immer sehen wollte. In der glanzfreien Regionalhauptstadt

Barinas treffe ich den Rest unseres Entdeckergrüppchens samt Fahrer und Guide Junior. Während mein Rucksack auf dem Dach verschnürt wird, stürze ich einen Saft aus gepresstem Zuckerrohr hinunter. Auf der stundenlangen Landcruisertour südostwärts zu unserer Farmunterkunft zieht heißer Wind durch die geöffneten Fenster. Ich ahne, wie sehr der Asphalt unter den Reifen glüht. Die Trockenzeit zwischen November und April, wenn die Luft nach Staub schmeckt und regelrecht brennt, eignet sich am besten für Tierbeobachtungen. Die Hitze setzte schon Alexander von Humboldt zu, der die „unermesslichen Llanos" in seinem Werk „Reise in die Aequinoctial-Gegenden des neuen Continents" ausführlich würdigte und schrieb: „Der einförmige Anblick dieser Steppen hat etwas Großartiges, aber auch etwas Trauriges und Niederschlagendes. Es ist, als ob die ganze Natur erstarrt wäre; kaum dass hin und wieder der Schatten einer kleinen Wolke, die durch den Zenit eilend die nahende Regenzeit verkündet, auf die Savanne fällt. Der erste Anblick der Llanos überrascht vielleicht nicht weniger als der der Andenkette."

Das Land der Llanos ist weit und flach und dünn besiedelt, durchsetzt von Rinderweiden. Zäune reichen bis zum Horizont und machen den Eindruck, als könnte man Tage, Wochen an ihnen vorbeifahren. Oder entlangreiten. So wie Venezuelas Cowboys, die Llaneros, die jedweden Temperaturen trotzen und das Vieh zusammentreiben. Llanos, das bedeutet Ebenen, doch die nach den humboldtschen Skizzen erwartete Monotonie der Landschaft bleibt aus. Überall fließen Wasserläufe, die den Boden fruchtbar halten. Dass derart viele Mangobäume, Bananenstauden,

Wassermelonen- und Sonnenblumenfelder zu sehen sind, hätte ich nicht gedacht. Feuerwehrleute löschen trotzdem gerade einen kleineren Buschbrand. Ein Schlachter verkauft riesige Rindfleischlappen direkt von Haken an der Straße. Auch Käse und Milch aus den Llanos genießen einen exzellenten Ruf. Wir decken uns an einem Stand mit Wassermelonen ein. Gleich daneben stehen präparierter Obstsalat und Motoröl zum Verkauf. Apropos Motoröl: Für dieses wirbt eine leichtbekleidete Dame auf Großplakaten. Greift man deswegen zu dieser Marke, damit es wieder läuft wie geschmiert?

Schnurgerade zieht sich die Straße durch Strauch-, Baum- und Grasweiten. Berge sucht man vergebens. Rindertransporter kommen uns entgegen, in einem Vorgarten üben ein paar Jungs Baseball. Der Río Apure, ein Zufluss des Orinoco, markiert die Regionalgrenze zwischen den Bundesstaaten Barinas und Apure, Herzstücke der Llanos. Bald nach der Flussüberquerung wird es richtig tierisch. Junior deutet auf eine Flamingokolonie, Wasserbüffel quittieren den Lärm unseres Fahrzeugs mit stoischer Ruhe. Tümpel werden von reichlich Reihern belagert. Massenhaft vertreten sind Kaimane. Ihre Schuppenpanzer glitzern in der Sonne. Reglos verharren sie mit offenen Mäulern. So viele Kaimane habe ich nirgendwo sonst gesehen, rasch werden sie zum gewohnten Anblick. Eher ungewöhnlich ist, dass sich zwei Männer an einem Kanal in Jeans zum Wettschwimmen rüsten. Was sich mutmaßlich nur durch Trunkenheitszustand erklärt. Mutprobe im Delirium. Typisch Männer. Verstehen muss man sie nicht. Aufziehender Kadavergestank rührt noch nicht von ihnen her, sondern leider von einem überfahrenen Kaiman. Er ist geradezu perfekt zerteilt, der Kopf liegt auf der einen, der Schwanz auf der anderen Straßenseite.

Irgendwo biegen wir ab, erreichen das Naturschutzgebiet Caño Guaritico und schließlich die Farm. In Gemeinschaftshütten, nach Geschlechtern getrennt, werden uns wahlweise Pritschen und Hängematten zugeteilt. Ein Riesenloch im Moskitofenster macht freien Zuflug möglich und das Konstrukt im Grunde entbehrlich. Die Ranch liegt inmitten von Gras- und Weideland. Doña Bárbara gibt den Ton an. Wir spazieren kurz umher, finden überall auf dem Boden faustgroße Schneckenhäuser, Hinterlassenschaften der letzten Regenzeit, wenn Bäche und Flüsse ansteigen und zu Überschwemmungen führen. Über die jahreszeitlichen Kontraste schrieb Alexander von Humboldt zu den Llanos: „Sie sind in der Regenzeit schön begrünt, aber in der trockensten Jahreszeit bekommen sie das Ansehen von Wüsten. Das Kraut zerfällt zu Staub, der Boden berstet, das Krokodil und die großen Schlangen liegen begraben im ausgedörrten Schlamm, bis die ersten Regengüsse im Frühjahr sie aus der langen Erstarrung wecken."

Abend senkt sich über die Llanos. Es gibt Fleischbällchen mit Reis und frittierten Kochbananen. An der Wand des Speise- und Aufenthaltsraums hängen vergilbte Fotos, die Touristen triumphierend mit acht bis neun Meter langen Anakondas zeigen. Ich würde mich auch mit weniger zufrieden geben, Hauptsache Anakonda. Der Generator regelt die Lichtzufuhr und den Betrieb des elektrischen Fruchtsaftmixers. Zum Essen kommen herrliche Säfte auf den Tisch. Draußen spielen Kinder Fangen. Und drinnen bei uns beginnt nach dem Dinner in einer Ecke ein älterer Mann, Juan, mit einer solchen Qualität und Leidenschaft Harfe zu spielen, dass ich ihn umgehend zum Sieger von „Venezuela sucht den Superstar" küren würde. Aber wahrscheinlich würde er das gar nicht wollen. Juan hat einen Fuß auf eine Holzbank gestützt, trägt ein blaues Shirt und helle Bermudas, an denen ein Messergurt hängt. Seine Finger wirbeln über die Saiten. Er spielt nicht, weil Besucher da sind. Er spielt immer, aber nie nach Noten, immer nur aus dem Gedächtnis, spontan, improvisiert, sagt er mir. Ich hatte ihn schon vor dem Essen gehört und war von einem laut aufgedrehten Radio ausgegangen. Was für ein Klangerlebnis in der Einsamkeit! Mein Laienmusikgehör lässt verlauten, dass er keinen einzigen Ton danebensetzt. Es sind ansteckend fröhliche Melodien. „So ist eben die Musik der Llanos", sagt er bescheiden.

„Anakonda Safari" lautet unsere Morgentour. Die Spannung steigt. Führer Junior und seine Begleiter rüsten sich mit langen Stöcken, um den Pflanzenüberzug eines Schlammtümpels zu durchkämmen. Junior in Stiefeln, die anderen barfuß. Sie stochern und stochern. Ihr Instinkt trügt sie nicht. Plötzlich kommt Leben in den Morast. Ein Kaiman ergreift die Flucht. Kurz darauf ein Handzeichen von Orlando, der wie der US-Schauspielstar Eddie Murphy aussieht und für uns heute vom Farmarbeiter zum Anakondajäger mutiert ist. Das Signal will heißen: Hier versteckt sich eine! Einmal habe ihn eine Anakonda attackiert und umwickelt, hat uns Orlando auf dem Weg erzählt, doch seine Freunde befreiten ihn aus der Umklammerung. Das heutige Reptil zeigt sich nicht angriffslustig. Er zieht das Exemplar hervor, beide Hände fest um Hals und Körper gefasst. Dann legt er es vor uns im Gras ab, ein Knäuel aus Kraft, Eleganz und Masse, das beginnt, sich auseinander zu ringeln. Langsam tritt die wunderschöne Zeichnung aus schwarz umrandeten gelben Fleckenovalen am Bauch hervor, hinter den Augen gehen zwei rötliche Streifen ab – doch die Augen, solch hornige, leblose Augen habe ich nie gesehen! In einem Schlammtümpel erwartet uns eine fette Zugabe, über fünf Meter lang. Nichts also, was Orlando Angst einflößen könnte. Respekt hat er vor kleineren Anakondas wie der vorherigen, und das nicht wegen ihrer Würgequalitäten: „Die beißen, wenn man nicht aufpasst." „Klein" definiert er im Übrigen so: „Bis zu drei Metern." Orlando kennt sich aus, bringt die Gefahren aus dem Tierreich auf den Punkt: „Was nicht sticht, beißt. Was nicht beißt, hat irgendein Gift."

Nun bin ich begeistert und enttäuscht zugleich. Sind mit Kaimanen und Anakondas die Highlights im Tierparadies der Llanos gleich am Anfang vorbei? Sind sie nicht. Jeder Tag im Tiefland ist ein Erlebnis. Erstmals im Leben bekomme ich Capybaras zu Gesicht, Wasserschweine, die als die größten lebenden Nagetiere gelten. Sehen aus wie riesig aufgepumpte Meerschweinchen und können hervorragend schwimmen. Wir fischen Piranhas, beobachten Leguane, Schlangenhalsvögel, Geierfalken, Truthahngeier, Rosalöffler, Tyrannenadler. Viele der in Venezuela dokumentierten 1400 Vogelarten sind hier in den Llanos zu finden. Das Wildlife setzt sich selbst auf dem stillen Örtchen fort. Weil er mir verstopft vorkommt, hebe ich den Spülkasten des Gemeinschaftsklos hoch und entdecke das

Habitat mehrerer Frösche in XL-Größe. Zum Glück habe ich bei meiner Aktion keinen Frosch püriert.

Die Farm ist eine Friedensinsel. Bis auf die Tatsache, dass ab und an eine reife Mango auf das Dach unserer Rundhütte kracht und unsere Siesta in der Hitze jäh unterbricht. Einmal reite ich allein mit Catire, dem Neffen von Farmherrin Bárbara, ins Buschland aus. Er ist Nachwuchscowboy, hilft beim Viehauftrieb mit, seit er neun ist. Vor zwei Wochen sei eine Touristin hier schwer vom Pferd gestürzt, sagt er. Wohlbehalten erreichen wir einen See, wo Catire mit einem Stock auf die Oberfläche eindrischt. „Das verscheucht das böse Getier", klärt er auf, bevor er mit seiner Jeans ins Wasser geht. „Jeans sind gut gegen Piranhabisse", beantwortet Catire meinen fragenden Blick. Werde vor dem nächsten Kauf daheim im Jeansshop bei der Fachberatung meines Vertrauens fragen, ob das stimmt und nach einer garantiert piranhabissresistenten Hose verlangen.

Letzter Höhepunkt am Abschiedsabend ist eine Bootstour über den Río Guaritico. Kaimane gleiten lautlos in die Strömung. Süßwasserdelfine tauchen auf und zeigen Flosse. Wasserschweine schreiten zur Badezeit. Die extrem transpirierende Haut der Französin neben mir im Boot saugt sich an meine und schweißt uns zusammen. In der Ferne flattern Kuhreiher auf, weißen Wolken gleich. Und die Schwärme der Ibisse in den Bäumen am Fluss leuchten orangerot wie der Sonnenball.

IM DELTA DES ORINOCO

Kleine, aber prägnante Ausschnitte lerne ich im riesengroßen Mündungsgebiet von Venezuelas längstem Strom, dem Orinoco (eingedeutscht: Orinoko), kennen und erinnere mich besonders gerne an: Bootsfahrten durch Teppiche treibender Wasserlilien, kuriose Schopfhühner, den Besuch einer Wasserbüffelfarm. Und Glühwürmchentänze vor meiner Hütte.

„Herr Miguel betrachtete diese Karte, die ihm gegenüber seinen Kollegen Felipe und Varinas unzweifelhaft Recht gab. Ein innerhalb Venezuelas verlaufender Strom, der sehr sorgfältig eingezeichnet war, bildete einen eleganten Bogen und war (...) durchweg mit dem prächtigen Namen Orinoco bezeichnet."

Aus: „Der stolze Orinoco" von Jules Verne (1828–1905)

Unser Einstiegsnest ins Delta des Orinoco heißt San José de Buja. Im winzigen Hafenbassin fallen mir Riesenstapel aus Bierkisten auf. Die Flascheninhalte sind geleert, man wartet auf Nachschub. Das Motorkanu wird beladen, dann brausen wir knapp über der Wasserkante los durch das Flussbraun. Eine Windung folgt auf die nächste. Es dauert nicht lange, bis der Dschungel uns schluckt und erste Hütten der Warao auftauchen. Die Warao sind ein Volk, das seit alters her im weit verästelten Delta lebt und deren Zugehörige auf einige zehntausend geschätzt werden. Damit zählen sie zu den größten Ethnien in Venezuela. Halbnomadisch ziehen manche in Miniverbünden dorthin, wo die wechselnden, vielversprechendsten Fisch- und Jagdgründe liegen. Ein Warao ist auch unser Steuermann, der an den Nordausläufern des riesigen Mündungsgebiets Kurs auf das Tagesziel nimmt: das Orinoco Eco Camp, gelegen an den Ufern des Río Nanarina, der eine minimale Fließgeschwindigkeit hat. Das Camp ist eine Lodge sympathisch simpleren Standards. Dort werden wir ein paar Tage lang im Einklang mit der Natur sein, zu Pirschfahrten in Einbäumen aufbrechen und in größeren Motorkanus wie diesem.

Erste Lektion: Im Orinoco Eco Camp gibt es keine Hüttenschlüssel. Zweite Lektion: Die Ruhe schaltet sich automatisch ein, nachdem der Bootsmotor ausgeschaltet ist und ich einfach nur auf den Fluss blicke. Dritte Lektion: Piranhas scheinen die am Lodgesteg fürs Piranhafischen bereitstehenden Angeln zu kennen. Sie beißen einfach nicht an, sondern knabbern vorsichtig alles weg. Piranhafischen endet in einem steten Piranhafüttern. Der Einzige, der richtig herzhaft in den Fleischköder einer liegengebliebenen Angel beißt und vor Schmerzen aufheult, ist der Camphund.

Gleich am Nachmittag steigt die erste Ausfahrt durch die Wunderwelten aus Wasserstraßen und dichtem Grün, in dem die Reise des Orinoco nach über 2000 Kilometern ihr Ende findet. Tidenhub, Trocken- und Regenzeit sorgen für kontinuierlichen Wandel im Deltagebiet. Der Käpten bringt sein Boot durch Gewirre an Luftwurzeln von Mangroven. Wir blicken auf wilde Kakaobäume, Baumriesen mit gelben Blüten, andere mit Aufsitzerpflanzen und wieder andere mit herabhängenden Vogelnestern von Oropendolas. Die Behausungen der Vögel gleichen freischwingenden Flaschenkürbissen. Das Klopfen verrät einen Specht, Luftwurzeln formieren sich zu regelrechten Tunnels. Unter der Wasseroberfläche warten tückische Astfallen auf unser Boot. Der natürliche Kanal verengt sich, die Gegenströmung nimmt zu. Der Käpten drosselt das Tempo durch das Pflanzenspalier. Guide Víctor erklärt uns die multifunktionale Morichepalme, die für die Warao der Baum des Lebens bedeutet. Aus den Früchten bereiten sie Säfte zu, aus dem Mark Palmstärke als Basis für Brot, aus den Fasern Hängematten. Und fette Käferlarven, in morschen Stämmen zu finden, sind eine gute Nahrungsergänzung.

Es wird lichter, wir erreichen das Terrain von Wasserbüffeln. Und damit ein einsames Farmhaus, das sich als Betonbau neben Papayastauden und Kokospalmen erhebt. Wir legen an. Sechzig Wasserbüffel halten sechs Männer auf Trab. Verwalter Daniel wacht über die Tagesproduktion von acht Kilo Käse. Kostproben gibt es aus einem abgedeckten Plastikeimer, der vormals Wandfarbe enthielt. Die Aufschrift besagt: „Anstrich für innen und außen“. Daniel verteilt Käsestücke. Welch eine Delikatesse! Die Konsistenz ähnelt Mozzarella. In meinem Mund breitet sich ein Geschmack aus, der lange anhält. Milchig, salzig, stark nach Tier. Führer Víctor beschenkt Daniel im

Gegenzug mit Rum. Die sogenannte Zivilisation ist von hier aus nicht so weit weg, wie man glauben könnte. Vierzig Minuten im Boot. Übers Wochenende komme meist seine Freundin, sagt Daniel. Wo er sich den explosiven Freuden des Lebens hingibt, frage ich aus Diskretionsgründen nicht. Die Intimsphäre im Innern des Gemeinschaftsgebäudes für die Männer tendiert gegen null. Vielleicht betreiben sie Paarungsschichtdienst. In der Ferne trotten Wasserbüffel durch die Feuchtgebiete. Ein tolles Kitschfotomotiv im Sonnenuntergang.

Bei der Rückfahrt setzen die Gesänge des Dschungels so richtig ein. Ein maßloses Ziepen und Zirpen. Víctor platziert sich vorne im Boot mit einem Batteriekasten und einem Handscheinwerfer und wird über reflektierende Augen fündig. Kurz darauf greift er beherzt ins Wasser und holt einen Kaiman an Bord, der nach einem Appetizer in Gestalt eines Franzosenfingers gegenüber von mir schnappt. Es blutet. Gut, dass man als Franzose immer eine Notration Pastis dabeihat. Der Anisschnaps hilft bei der Desinfektion und beruhigt.

Morgendunst liegt über dem Fluss. Ein Paddeltrip ist unser Start in den Tag, wir versprechen uns reichlich Wildlife. Die Foto- und Beobachtungsbeute fällt bis auf kleine Wasserschildkröten allerdings mager aus. Kapuzineraffen turnen in allzu weiter Entfernung durchs Geäst. Interessanter wird die motorisierte Tour nach dem Frühstück. Wild krächzend steigen Papageien auf und bilden regelrecht Formationsstaffeln, Morphofalter leuchten in ihrem charakteristischen Blau. Tukane bringen ebenso Farbe ins Leben wie Eisvögel und Hoatzine, kurios behaubte Schopfhühner, die ich nie zuvor gesehen habe. Hoatzine füllen sogleich einen Teil meiner Speicherkarte. Um uns herum treiben Teppiche aus Wasserlilien und setzen vorübergehend den Motor außer Betrieb. Warao, auch die jüngsten, kommen uns in Einbäumen entgegen. In einem Seitenarm springen Kinder von einem Baum ins Wasser und jauchzen vor Freude. Hier wird niemand von Autos überfahren. Städte sind weit weg, Piranhas an dieser Stelle wohl auch. Ein Ruderer bietet uns Papageien zum Kauf an. „Eine Einnahmequelle der Warao", klärt Guide Víctor auf. Unter Palmen würden sie Unterstände und Fallen mit gefangenen Papageien bauen, deren Rufe Artgenossen anlocken. Für einen kleinen Erkundungsmarsch durch den Dschungel werden Gummistiefel gestellt. Ein Warao zeigt uns, welche Bäume sich für die Fertigung von Kanus eignen.

Tags darauf kommen wir den Warao näher. Am ruhigen Teil eines Flussbogens stehen die Spiegelbilder ihrer Hütten im Wasser, palmstrohgedeckte Konstrukte auf Holzstelzen, an allen vier Seiten offen. Ein Mann, zwei Frauen und ein Halbwüchsiger schaukeln in Hängematten im Hauptbau. Dahinter greift eine Rodung ins Grün. Wir landen im Motorkanu an. Ein paar Einbäume liegen am Ufer, zwei schmale Stämme formen den Steg. Bei der Balance über die Strünke befallen mich einmal mehr gemischte Gefühle bei derlei Begegnungen. Ist unser Besuch nicht eine unliebsame Invasion? Fühlen sich die Warao nicht als Schauobjekte missbraucht? Die Indios wirken verschlossen und zeigen so gut wie kein Interesse an der Präsenz von uns Fremden. Eine Verständigung kommt kaum zustande, auch nicht auf Spanisch. Führer Víctor überreicht dem Mann kleine Gastgeschenke, Zigaretten, eine Saftflasche. Rum wäre wohl lieber gesehen, doch den hat der Guide nicht mitgebracht. „Alkoholismus ist ein Problem", flüstert Víctor. Über offenem Feuer kocht Tapirfleisch in einem Topf, über den Boden verteilen sich Reste von geschältem Maniok, außerdem Plastikbecher. In heutiger Zeit treiben die Warao gleichsam zwischen den Welten. Neben einer der Hütten liegen Flaschen verstreut. Ein Mädchen und zwei Jungen schnippen Plastikverschlüsse umher. In die Schule gehen diese Indiokinder – im Gegensatz zu anderen – nicht, genießen das, was man unbeschwerte Kindheit nennen mag. Im Laufe der nächsten Jahre werden sie von den Älteren lernen, wie man richtig fischt und jagt, wie man rodet und anpflanzt, wie man aus Hölzern, Faserschnüren und Palmblättern beständige Pfahlhütten errichtet, deren Dächer bis zu fünf Jahre keinen Regen durchlassen. Doch werden sie gerüstet sein für die wahre Zukunft? Unaufhaltsam hat der Fortschritt Bootsmotoren, Generatoren und Satellitenschüsseln ins Delta geschwemmt. Wer so etwas braucht, braucht Geld. Und wer Geld braucht, muss rechnen können und öffnet sich mit Holz- und Fischverkauf, Vogelhandel und der Fertigung von Korb- und Schnitzwaren für Touristen mehr und mehr den Fängen der Zivilisation. Ein gefährlicher Weg, an dessen Ende der Verlust von Sitten, Traditionen, Sprache, Identität steht.

Die letzte Nacht im Orinoco Eco Camp bricht an. Die Stelzenhütten sind zur Flussseite offen. Offen heißt wirklich: offen. Ohne Trennwand, ohne Glas. Auf der Matratze unter dem Moskitonetz verfolge ich Glühwürmchentänze, sehe das Sternenzelt durch die Wipfel schimmern und lausche dem leisen Melodienspiel des Wassers. Irgendwann falle ich in Schlaf, nehme im Unterbewusstsein das Rascheln des Windes im Palmblattdach wahr und werde bei Tagesanbruch jäh geweckt. Vögel kreischen um die Wette. Und das Geschrei der Brüllaffen geht durch Mark und Bein.

KAFFEEKOSTPROBE

In meinem Kaffeetrinkerleben wird nach diesem Test auf der Hacienda El Roble in Kolumbiens nördlichem Hochland nichts mehr so sein, wie es war.

„Nach diesem ersten Impuls, der uns dazu bringt, einen guten Kaffee zu suchen oder zuzubereiten, gibt es einen zweiten Moment, in dem die essenziellsten Freuden vorherrschen, die uns dieses Getränk bietet: das delikate und berauschende Aroma, das aus der Tasse aufsteigt, der tiefe und köstliche Duft, der unsere Sinne stimuliert."

Liliana Villegas in „Cafés de Colombia" (2008), einem Standardwerk über Kolumbiens Kaffees

Vorausgeschickt sei, dass ich passionierter Amateurtrinker bei diversen Flüssignahrungsmitteln bin: Bier, Wein, in Maßen gerne härtere Sachen. Bestenfalls kann ich zwischen Kölsch und Pils differenzieren, zwischen Tresterbranntwein und Birnenbrand. Einfacher gestaltet sich die Lage beim Unterschied zwischen Rot- und Weißwein, doch zum Teufel mit Bacchus, dem Gott des Weines und des Rausches: Welcher Tropfen ist nun gut und welcher schlecht? Da „fängt es an mit Aufhören", wie man in meiner rheinischen Altheimat sagen würde. Stunden später ist aufsteigender oder ausgebliebener Kopfschmerz der verlässlichste Indikator. Weinproben liegen schon einige hinter mir und meiner Leber. Kenntnisreich pflegen bei derlei Terminen die Vorkoster solche Nuancen wie Orangenblüten, Erd- und Brombeeraromen hineinzuinterpretieren, grüne Äpfel und Limonen über einem Bett aus cremigem Toffee. Für manches fehlt mir der Geschmacksnerv. Aber was ist mit einer Kaffeekostprobe, die jetzt gleich nach dem Rundgang durch Pflanzungen, Trockenhäuser und Säckelager auf der Hacienda El Roble ansteht? Schmeckt nicht jeder Kaffee mehr oder minder gleich? Habe ich jemals Gedanken an Bittergrade und Bohnengrößen verschwendet? Und habe ich nicht bislang meinen Kaffee regelmäßig mit Süßstoff und einem Schuss Milch versetzt und das ureigene Aroma auf geradezu frevlerische Art verdrängt …?

Im Laborraum der Hacienda hat Profitester Yonger, geschätzte Ende Zwanzig, für mich und ein kolumbianisches Pärchen aus der Hauptstadt Bogotá am Nachmittag alles vorbereitet. Sechs Durchgänge stehen an, auf dem Holztisch in der Mitte hat Yonger Schalen mit verschiedensten Bohnen drapiert, dazu Gläser und Löffelchen. Für jeden von uns stellt er einen Spucknapf dazu, ganz wie bei Weinproben. Jeder Durchgang der Kaffeekostprobe wird „blind“ erfolgen, der Experte erst am Ende das Geheimnis um Sorten wie Typica und Caturra lüften und die zugehörigen handgeschriebenen Schildchen enthüllen. Bis dahin ist Yonger, der seit Jahren durch verschiedene Produktionsländer reist und Spezialkaffees testet und daheim die Qualität der eigenen Haciendamarke „Mesa de los Santos“ immer wieder kritisch auf den Prüfstand stellt, voll beschäftigt. Ansprüche und Messlatte sind hoch bei „Mesa de los Santos“. Das Willkommensschild an der Hacienda, auf der ich mich im Zimmerkomplex inmitten der Kaffeeplantagen einquartiert habe, hat keinen Zweifel gelassen und eine maximale Erwartungshaltung geweckt: „Hier wird der beste Kaffee Kolumbiens angebaut.“

Exakt elf Gramm frisch von ihm vor unseren Augen gemahlenen Kaffee gibt Yonger in jedes 0,2-Liter-Glas – keine Tasse – und animiert uns zunächst zum Schnüffeltest. Dann setzt er ein Kesselchen auf, bis das Wasser kocht und er das Ganze ohne Filter oder Ähnliches aufbrüht. Alles muss möglichst naturbelassen, unverfälscht bleiben. Verführerisch steigt der Duft auf, wir halten auf Yongers Aufforderung hin unsere Rüssel nächstmöglich heran. „Riecht ihr das?“, fragt Yonger und hilft nach: „Blumen und ein bisschen Zimt, nicht wahr?“ Bereits jetzt zeichnet sich ab, dass ich in bislang unbekannte Kaffeedimensionen vorstoßen werde.

Vier Minuten später – Yonger stoppt penibel die Zeit – ist der aufgebrühte Kaffee bereit zum Durchstoß des Löffels durch die aufgestiegene Pulverschichtkruste. „Romper tazas“, nennt Yonger den Vorgang auf Spanisch. Eine Formulierung, die mir bis dahin unbekannt war. Und dass der Löffel nur aus Gold oder Silber zu sein hat, ist mir ebenfalls neu. Kaffeezubereitung und -trinken erscheinen mir zunehmend mehr als Wissenschaft! Was Yonger von Pulverkaffee hält, wie ich ihn manchmal konsumiere, ob er ihn überhaupt als Kaffee einstuft, wage ich gar nicht erst zu fragen.

Es darf vorsichtig umgerührt werden. Durch das „Romper tazas" entwickele sich das Aroma richtig, sagt Yonger. Teile des Pulvers haben sich automatisch nach unten abgesenkt, die verbliebenen Schaumhäubchen schöpft er ab. Dann testen wir durch, Glas für Glas, unterfüttert von den Analysen des Profis, der selber unüberhörbar vortrinkt – der Dezibelwert scheint mir dabei mit einem vorbeifahrenden Auto vergleichbar. Während ich alles brav bis zu dem Punkt leere, an dem die Körnchen an die Lippen stoßen, befüllt Yonger nach einem seiner kurzen, allerheftigsten Schlürfzüge hemmungslos den Plastikspucknapf. Wer weiß, wieviel Kaffee er im Laufe des Tages schon konsumiert hat und ob er nach Kaffee überhaupt schlafen kann. Yongers Funktion kennt keinen Feierabend, sein Gaumen ist ein hochsensibles Arbeitsgerät, das stets in Bereitschaft zu stehen hat. Zigaretten und Alkohol sind tabu. Ebenso Knoblauch und alles, was scharf ist. Während der Aufbrühzeiten erklärt er uns das Wachstum der Kaffeepflanzen, Unterschiede in Koffein- und Feuchtigkeitsgehalten. Zu feucht darf es nicht sein, dann entstehen Pilze oder Schimmel. Zu trocken darf es nicht sein, dann verliert der Kaffee seine spezifischen Charakteristika.

„Schmeckt ihr das durch?", fragt Yonger, ganz in seinem Element. Er lässt den Kaffee genüsslich im Rachen zerfließen, bevor er sich dem Napf zuwendet, und beginnt, von den Aromen zu schwärmen. Mal schwinge ein wenig Zuckerrohr mit, mal Honig, Birne, Zimt, nicht wahr? Oder Mango, Maracuja, Melone, gebrannte Mandeln, Karamellnoten, rote Beeren, Zitrusfrüchte. Es ist, wie es ist: Ich schmecke nicht annähernd das, was Yonger schmeckt, und verzichte wohlweislich auf Fachsimpeleien, doch ich nehme deutlich Unterschiede in Geschmack, Substanz und Balance wahr. Immerhin. Und ich empfinde das Ganze wirklich als Hochgenuss, einfach schwarz, ohne Milch, ohne Süße. Zwei Sorten kommen dagegen abscheulich bitter daher, doch die hat Yonger aus hausfernen Beständen eingeschmuggelt, wie er später schmunzelnd bekennt: „Damit ihr den Kaffee für den nationalen Konsum kennenlernt, der etwas dunkler und stärker geröstet ist, um all seine Mängel zu kaschieren." Legt man die Bemerkung eines anderen Kaffeefarmangestellten zugrunde, der mich auf der Hacienda El Roble am Folgetag vom Hauptgebäude zur Cafeteria mit Verkaufsstube an der Straße begleiten wird, sind die Einheimischen in einem der weltweit bedeutendsten Kaffeeländer schlechterdings Kaffeebanausen: „Wir Kolumbianer trinken eigentlich keinen Kaffee, wir rühren nur reichlich Zucker hinein."

Das Beste aus Kolumbien wird ohnehin meistens ausgeführt. Im Falle des Hochlandkaffees „Mesa de los Santos" heißt das: USA und Japan. Im Jahre 1835 fanden die ersten Säcke kolumbianischen Kaffees den Weg in den Export, lese ich in Liliana Villegas' Buch „Cafés de Colombia" nach. Es war der Beginn einer Erfolgsgeschichte. Heute hängen landesweit eine geschätzte Million Arbeitsplätze direkt und indirekt von der Kaffeeproduktion ab. Die Anbauflächen nehmen über drei Millionen Hektar ein, wovon ein winziger Teil auf die in Familienbesitz befindliche Hacienda El Roble im Hochland des Nordens entfällt.

Eine Besonderheit hier, knapp 40 Kilometer südlich von Bucaramanga, ist der organische „Schattenkaffee", bei dem drei Vegetationsstufen mit bis zu 35 Meter hohen Bäumen den Lichteinfall bremsen. „Ein riesiger Vorteil", erläutert mir Agronomin Mónica bei einem Ausritt, „das sorgt für längere Produktionsjahre unserer Pflanzen und gibt den körperreicheren Kaffee."

Für mich haben es die Tests mit Yonger schwierig bis unmöglich gemacht, ins normale Kaffeetrinkerleben zurückzukehren. Nie mehr dürfte mir künftig in Cafés und Restaurants „Einen Kaffee, bitte!" über die Lippen gehen, ohne an diese Kaffeeverkostung zu denken, die mit der simplen, aber nachhaltigen Erkenntnis geendet hat: Kaffee ist nicht gleich Kaffee.

IM REICH DER EINSTIGEN TOTENHÖHLEN

Weitab ausgetretener Pfade reise ich im Süden Kolumbiens zum Archäologischen Park Tierradentro, breche in die Berge auf, steige ab in einstige Totenhöhlen. Die ausgemalten Urnengrabkammern zählen zu den Höhepunkten versunkener Kulturen in Südamerika. Grabbeigaben finden sich keine mehr, die eigentlichen Schätze sind die Dekors.

„Vom 7. bis 9. Jahrhundert lebte in Tierradentro ein Volk aus Bauern, Webern, Bildhauern und Töpfern. Über die Ursprünge und das Ende der Menschen dieses Volkes wissen wir nichts, aber Gräber, Skulpturen und Keramik belegen ihr technisches Geschick, ihre künstlerische Empfindsamkeit und ihre tiefe Religiosität."

Tafel im Tierradentro-Museum bei San Andrés de Pisimbalá

„Hier hinein", sagt der Wachmann und bückt sich. Unter dem Dach einer Schutzhütte, die nach allen Seiten offen ist und mit ihrer Moderne überhaupt nicht in die Berglandschaft passen will, sperrt er ein landläufiges Vorhängeschloss auf und klappt das Metallbodengitter hoch. Darunter führt eine Treppe abwärts ins Erdreich. Steil und schmal, spiralförmig, düster. Die Stufen, leicht mit Beton ausgebessert, enden in einem winzigen Vestibül vor einer Absperrung. Der Raum dahinter formt eine Art Oval, eine Höhle in fünf, sechs Metern Tiefe, kalkuliere ich. Zwei Glühbirnen setzen die Szenerie in mattes Licht. Nicht Mutter Natur hat die Grotte geschaffen, sondern Menschenhand: eine einstige Höhle für Tote, doch die Menschenreste sind aus den Sammelgräbern längst ebenso verschwunden wie wertvolle Beigaben. Archäologen und Räuber, alle haben für sich ihre Arbeit geleistet. Geblieben sind die Strukturen. Und die überwältigenden Dekors, die Gewölbe, Wände und Stützpfeiler überziehen. In der Tiefe lasse ich die Bilder auf mich einstürzen. Geometrische Muster in Rot und Schwarz, den Symbolfarben für Leben und Tod. Mosaike aus Rhomben auf unförmigem Fels. Linien, Kreise, Dreiecke. Hoch oben an den wuchtigen Steinstützen prangen maskengleiche Gesichter, Fratzenfresken, teils aufgemalt, teils als Reliefs. Aus tiefen Augenhöhlen starren sie mich an, die Münder stehen offen. Eine gespenstische Stimmung.

„Hipogeos“ heißen die unterirdischen Urnengrabkammern im Archäologischen Park Tierradentro, der sich nahe dem Ort San Andrés de Pisimbalá auf mehrere Punkte in den Kordilleren verteilt und zum Welterbe der UNESCO gehört. Nicht allzu viele Reisende verirren sich in diese entlegene Gebirgsgegend im Süden Kolumbiens, der Aufwand ist beträchtlich. Heute, an einem Morgen im Februar, bin ich der zweite Besucher des Tages, sagt mir der Wächter, der einen einsamen Job hat und mich über das freigeschlagene Wiesengelände des Areals Alto de Segovia begleitet. Allzu gesprächig ist er nicht, doch er muss mit jedem mit, der kommt, denn er hat die Schlüssel. Ich steige in mehrere Grabkammern ab, jede ist anders gestaltet und ausdekoriert. Wie magisch ziehen mich die Bilderwände unter der Erde in ihren Bann. Dabei hätten allein die Ausblicke in die Bergwelt den Weg gelohnt.

Alto de Segovia ist die am leichtesten zugängliche Stätte im Archäologischen Park, eine Viertelstunde Fußmarsch vom Tierradentro-Museum entfernt. Dort habe ich mir zum Auftakt Funde von Urnen und Grabbeigaben angesehen, Schau- und Infotafeln zu den Hipogeos studiert. An manchen Tagen steige niemand zum Alto de Segovia herauf außer ihm selber, gibt der Wachmann preis. Sein treuer Begleiter ist ein tragbares Radio. Ein Stück weiter bergauf liegt die Stätte Alto del Duende. Der dortige Wächter drückt mir eine Taschenlampe in die Hand, die nächsten vier Hipogeos sind mein.

Die Kultur, die all die Grabwunderwerke hervorbrachte, stand lange vor dem Einfall der Spanier in ihrer Blüte und erlosch auch, bevor die weißen Eroberer anrückten und dem Gebiet im 16. Jahrhundert seinen Namen gaben. „Tierradentro", sollen die Soldaten des Konquistadors Sebastián de Benalcázar angesichts der steilgebirgigen, kalten und unwirtlichen Landstriche ausgerufen haben, die vom Río Páez und seinen Zuflüssen durchzogen wurden. So zumindest verbürgt es eine Tafel im Tierradentro-Museum. Tierradentro, das bedeutete soviel wie „weit im Inland", weit weg, tief verborgen. Wann genau dort die Erschaffer der Hipogeos lebten und welcher Zivilisation sie angehörten, bleibt ein Rätsel. Eigentlich ist die Gegend altangestammtes Territorium der Nasa-Indios, doch die sehen sich laut dem kolumbianischen Anthropologen Mauricio Puerta und anderer Forscher nicht als Nachfahren der Erbauer der Hipogeos. Gewiss ist, dass die Gräber während der zweiten Hälfte des ersten Jahrtausends genutzt wurden und die Kultur meisterhafte Künstler und Architekten hervorbrachte, die weitaus mehr Mühe auf die Ausgestaltung des Totenreichs als auf Behausungen für die Lebenden verwendeten. Die Hipogeos waren so etwas wie die steinernen Abbilder der strohgedeckten Holzhütten, die draußen standen. Und die Zier ahmte das Design in den Zeremonialhäusern nach. Bis zu neun Meter im Durchmesser nahmen manch übermannsgroße Unterwelträume ein, für deren Anlage man zunächst mit einfachsten Werkzeugen die Höhenrücken glättete und das Gestein aushöhlte. Dann keilten Teams die Treppen, Stützen und Nischen hinein und gaben den Wänden der Großkammern einen hellen Farbuntergrund für die eigentlichen Dekors. Die größten Hipogeos wurden durch zwei oder drei massige Säulen gestützt, um die man im Innern herumarbeitete. Die Farben trugen die Maler mit den Fingern oder mit Pinseln aus Haaren und Federn auf. All das kunstvoll gestaltete Umfeld diente als Geleit und Residenz der Ahnen – oft hochrangige Familien und Persönlichkeiten, so vermutet man –, die nach Erdbestattung, Fäulnis und Exhumierung hier ihre Zweitbeisetzung erfuhren. Zu diesem Zweck wurden die Knochenreste mit Steinen zermahlen und kamen in Urnen aus Ton, die verschiedenste Zier tragen konnten. Beliebte Motive waren Raubtiere als Zeichen der Stärke. Die Schlange stand für den Zyklus der

Existenz. Die Eidechse war männliches, der Tausendfüßler weibliches Sexualsymbol.

Quartier habe ich in San Andrés de Pisimbalá in der einfachen Hospedaje La Portada bezogen, angereist bin ich mit dem Linienbus ab Popayán. Das Herbergspaar Eva und Leonardo weiß, was Fremde wünschen. Sie versorgen mich mit Omelettes, Gemüsesuppe, Säften und guten Tipps. San Andrés de Pisimbalá liegt am Ende eines tiefen Taleinschnitts, die Einwohnerzahl liegt um 850. Rundumher öffnen sich die Bergkulissen wie ein Amphitheater, das Gebirgsgrün ist mit Häuschen und Hütten punktiert. Neben dem Fußballfeld weiden Pferde, der Unterricht in der nahen Dorfschule findet manchmal draußen statt. Es sei denn, man braucht den Computerraum. Krämerläden halten das Nötigste bereit, Äpfel, Möhren, Bier, frisches Schlachtfleisch, Softdrinks. „Verkaufe Eis und Joghurt", steht an einem Privathaus. Andere bieten Benzin an, wieder andere Käse, die nächsten Bettlaken, die übernächsten Internetzugang.

Schwer erreichbar ist der Alto El Aguacate, ein Berg mit den entlegensten Hipogeos. Der Weg führt über die archäologische Stätte Alto de San Andrés, wo mir ein Wächter aufs Neue eine Taschenlampe zur Selbsterkundung aushändigt; zur Sicherheit habe ich selber eine mitgebracht. In den Tiefen lacht mich eine Maskenfratze an. Einige Malereien sind verwittert, manche Gewölbe sehr niedrig. Nach der Rückkehr an die Erdoberfläche steige ich hoch ins Gebirge. Der Trampelpfad ist nicht zu verfehlen, gestattet herrliche Blicke über Berg und Tal. Es ist später Mittag, allein bin ich vorerst nicht. Vor mir laufen ein paar Schulkinder nach Hause zu ihren Hütten, später kommt mir eine alte Indiofrau entgegen. Barfuß, einen Tragsack mit Riemen um den Kopf, begleitet von zwei Hunden. Sie schenkt mir ein zahnloses Lächeln und schimpft die Hunde aus, weil sie mich anbellen. Es geht kurzzeitig abwärts, ein Steilhang ist mit Kaffeesträuchern besetzt. An einer Gabelung folge ich dem Schild „El Aguacate", kreuze einen Bachlauf und Steinplatten. Nun verläuft der Pfad vorübergehend nicht mehr eindeutig, doch klar ist: Ich muss nach oben. Das sieht auch ein Machetenmann so, der mir den Weg weist. Fern, auf der anderen Seite des Tals, mache ich die Schutzhütten der Grabareale Alto de Segovia und Alto del Duende aus, die ich am Morgen besucht habe. Ich federe einen Graspfad hinauf, habe fast die Höhe erreicht, blicke ins nächste Tal. Schutzdachkonstrukte heben sich vor mir aus dem Wiesengrün ab und zeigen, wo es in die Hipogeos hineingeht. Bewacht ist das Gelände nicht. Viele Grabzugänge sind ohnehin verfallen und nicht geschützt, nur einige wenige erlauben den Abgang über Erdstufen. Ich gehe in Bückhaltung hinein, es riecht modrig. Dekors erkenne ich im ersten Hipogeo nicht mehr, in den weiteren schon. Im Taschenlampenlicht mache ich längliche schwarze Striche aus und schwarze Kreise und Quadrate mit Punkten in der Mitte. Oben an der frischen Luft muss ich höllisch aufpassen, um nicht zwischendurch in eines der verwahrlosten Grablöcher zu stürzen. Die Vertiefungen wären groß genug, mich zu schlucken, doch nach Lebendig-begraben-sein steht mir heute nicht der Sinn. Die Szenerie um den 2100 Meter hohen Alto El Aguacate ist großartig. Welch ein Totenplatz zwischen Erde und Himmel! Der Grat wurde einst geglättet, um Platz für über 70 Grabkammern zu schaffen, die im Vergleich zu den Stätten Alto de Segovia und Alto del Duende deutlich kleiner sind. „Die meisten wurden durch Plünderer geöffnet und weisen einen hohen Grad an Zerstörung und Beschädigung auf", entnehme ich einer Tafel. Wolkenschatten treiben über das vielzackige Gebirge, aus einem Tal steigt Rinderblöken auf. Als ich glaube, alles gesehen zu haben, kommt der Höhepunkt, ein Stückchen abwärts auf einem anderen Pfad: das sogenannte „Salamandergrab", Tumba de las Salamandras, überspannt von einer Betonschutzhütte. Neun Stufen führen ins Dunkel hinab. Ich schalte die Taschenlampe ein. Über die Grabhöhlenwände kriechen Salamandermotive in Schwarz und Orange. Was für Schätze in der Einsamkeit!

AUF HEILIGENSPUREN IN CARTAGENA

Das kolumbianische Cartagena ist eine der schönsten Kolonialstädte Südamerikas. Dort lebte einst der heilige Petrus Claver den Dienst am Nächsten vor. Den Unterdrücktesten wollte der aus Spanien stammende Jesuit bis zu seinem Tod im Jahre 1654 Bruder und „Sklave der Sklaven" sein. Eine kleine Spurensuche.

„Claver war immer zum Krankendienste bereit; die armen Kranken heimzusuchen, sie an Leib und Seele zu pflegen, erachtete er für eine der wichtigsten Pflichten eines Apostels der Negersklaven [schwarzen Sklaven]. Damit der erste Glockenzug an der Pforte des Collegiums bei Tag oder Nacht sogleich sein Ohr treffen konnte, hatte er seine Obern gebeten, dass seine Wohnung in der Kammer über der Pforte sein durfte."

Franz Joseph Holzwarth in seiner 1855 erschienenen Biografie über Petrus Claver

Die spirituelle Eroberung Südamerikas führte Religionsgemeinschaften und Menschen unterschiedlichsten Schlags heran: verblendete Gottesmänner, die den christlichen Fremdglauben mit aller Macht aufoktroyierten, aber auch Glaubensboten, bei denen Idealismus, Barmherzigkeit und Nächstenliebe ganz oben auf der Liste der Gebote standen. Nicht verheimlicht sei, dass ich auf dem Kontinent schändliche Beispiele aus der Geschichte vorgefunden habe, darunter Dominikaner, die sich in Peru bei der Inquisition hervortaten. Natürlich seien selbst jene Ordensleute, die sich von Herzen engagierten, körperlich mitanzupacken verstanden und es wirklich gut meinten, nicht generell in den Himmel gehoben, doch einen möchte ich zumindest herausstellen: den heiligen Petrus Claver (1580–1654), dessen Fährte ich in der kolumbianischen Hafenstadt Cartagena aufnehme. „Sklave der Sklaven" zu sein, das Leid der Unterdrückten und Entrechteten in Spaniens Kolonialreich zu lindern, das sah der Jesuit für sich als Bestimmung und Schicksal an. 1888 wurde Petrus Claver heilig gesprochen. Heute genießt er weltweit Verehrung als Patron der Menschenrechte. Dieses Prädikat kommt nicht von ungefähr.

Blicken wir kurz auf Wurzeln, Wirken und Werdegang des Heiligen. 1580 in Verdú in Spaniens Region Katalonien geboren, entstammte Petrus, spanisch: Pedro, einer Adelsfamilie. Als junger Mann entschloss er sich zum Eintritt in die Jesuitengemeinschaft – oder „Gesellschaft Jesu", wie sie auch genannt wird – in Tarragona. Später nahm er ein Studium auf der Baleareninsel Mallorca auf, wo es zu einer freundschaftlichen Beziehung zum Pförtner des Collegiums kam. Dieser sagte Petrus, nach einer Eingebung Gottes, wie es die Überlieferung verbürgt, den Dienst in der Mission voraus und spornte ihn an, bei der Evangelisierung der spanischen Territorien in der sogenannten

„Neuen Welt" zu helfen. Petrus nahm die Herausforderung an, schiffte sich ein und gelangte als Dreißigjähriger ins jetzige Kolumbien. Nach Studienjahren im Hochland in Bogotá und Tunja wurde er in die Hitze der Karibikküste nach Cartagena entsandt, wo er im März 1616 die Priesterweihe empfing und bis zum Ende seines irdischen Daseins bleiben sollte: fast vier Jahrzehnte lang.

Cartagena – in ihrem Kern eine der schönsten Kolonialstädte des Kontinents, ein wahres Gedicht aus Stein und Holz – profitierte damals bereits von der strategischen Lage des Hafens. Hier segelten die mit Edelmetallen beladenen Flotten Richtung Spanien los, hier wurden Pracht und Wohlstand aus Furcht vor Feinden in einen kilometerlangen Mauergürtel gesteckt, hier entwickelte sich der größte Umschlagplatz schwarzer Sklaven. Und genau derer nahm sich Petrus Claver an. Ihnen wollte er Bruder und Freund sein, beflügelt vom Eifer, sie im größtmöglichen Rahmen seiner Möglichkeiten vor Schindungen zu bewahren, mit Essen und Krankendienst zu versorgen, ihnen Trost zu spenden, sie zu taufen und im Christenglauben zu unterrichten. In manchen Monaten kam es vor, dass eine Tausendschaft menschlichen Nachschubs auf den drangvollen Schiffen eintraf, schlimmer behandelt als Vieh, bestimmt für die Zwangsarbeit in den Minen und auf den Feldern, beim Schleppen von Lasten. Ein ums andere Mal machte sich der Heilige an den Hafen auf. „Seine Gegenwart konnte wenigstens die rohesten Ausbrüche der Grausamkeit seitens der Händler abhalten und die unglücklichen Ankömmlinge in den ersten, härtesten Stunden mit Mut und Zuversicht erfüllen", heißt es in der

1855 erschienenen Biografie des deutschen Geistlichen Franz Joseph Holzwarth. Den Titel des Holzwarth'schen Buches wagt man heute kaum zu zitieren, doch ich komme der Pflicht nach: „Sklave der Negersklaven; Bilder aus der Mission unter den Negern."

Als Dreh- und Angelpunkt diente Petrus Claver das nunmehr nach ihm benannte Sanktuarium, wo sich, gleich neben den Stadtmauern, die Schule der Jesuiten befand, wo die Kranken versorgt wurden, wo er in aller Bescheidenheit und geradezu asketisch lebte und in der Kirche seine letzte Ruhestätte fand. Zeit für eine konkretere Spurensuche.

Winzige Fenster lassen spärliches Licht in den Raum, der mit Holzbalken überspannt und Terrakotta ausgelegt ist. Ein Teil der rotbraunen Bodenplatten ist rissig, am Ende steht ein kärgliches Bett, darüber erhebt sich ein schlichtes Holzkreuz. Das übrige Interieur beschränkt sich auf ein paar Truhen, zwei Tischchen, einen Stuhl. Hier also stehe ich im Zimmer des Petrus Claver, gelegen im Oberbereich des Jesuitenkomplexes und durch drei Stufen getrennt vom einstigen Sklavenschlafsaal. Ein Stückchen weiter liegt sein Sterbezimmer. Zur Innenseite des Gebäudes hin schließt sich der lang gezogene Kreuzgang mit Palmgewächsen und anderen Pflanzenexoten an, durch die das Sonnenlicht Schattenmuster auf den Boden zaubert. Am Brunnen nahm der Heilige die Taufen der Sklaven vor, rettete nach seinerzeitigem Weltverständnis die Seelen. Über 300 000 Schwarze soll Petrus Claver in Kolumbien insgesamt getauft haben. Ob die Ankömmlinge mit der „Seelenrettung" und dem Ritus der Aufnahme in die christliche Gemeinschaft etwas anzufangen wussten, sei dahingestellt.

Willkommener dürften ihnen mutmaßlich „Arzneien, auch Früchte und andere Esswaren“ gewesen sein, die Petrus Claver laut Biograf Holzwarth für die Kranken als Vorrat bereithielt. In einer höheren Ebene des Kreuzgangs geben Gemälde plastische Beispiele der Tatkraft des Heiligen. Da hält Petrus den knochigen Körper eines Kranken in Armen, da steht er einem erschöpften Schiffsankömmling bei. Auf einem anderen Bild bewahrt der Heilige einen angstvoll und verstört auf dem Boden kauernden Schwarzen vor den Peitschenhieben von dessen Herrn und dem Zubiss eines Hundes.

In seinen letzten Lebensjahren verließen Petrus Claver die Kräfte. Die Parkinson-Krankheit machte ihm zunehmend zu schaffen. Im September 1654 schloss er im Alter von 74 Jahren im Krankenrevier des Jesuitenkomplexes für immer die Augen. Im Sterberaum lese ich auf einer Tafel, dass Petrus freitags nachts, unbemerkt von allen anderen, ein Kreuz und eine Dornenkrone zu nehmen und damit umherzugehen pflegte, um die Leiden Christi zu teilen. Nun hatte der Herr ihn von den Qualen erlöst.

Begraben liegt Petrus Claver in der Kirche, die eine gewaltige Kuppel trägt und sich mit ihrer Doppelturmfront zum Vorplatz hin wendet. Statt eines verschlossenen Reliquienschreins findet man im Hochaltar einen offenen, golden glänzenden Sarg vor, an dem schon Papst Johannes Paul II. betete. Eine Glasscheibe gibt den Blick auf die Gebeine des heiligen Petrus Claver frei. Vor diesen verneigt sich demütig jeder Gläubige und auch Padre Joaquín, der in der lebendigen, kleinen Jesuitengemeinschaft von Cartagena in Petrus' Nachfolge steht. Am Abend erlebe ich, wie Joaquín mit Schwung und Verve die Messe zelebriert, bei der Chorgesänge, Gitarren und Rasseln einer Musikgruppe die lebendige Freude des Glaubens umrahmen. Dann kommt Joaquín vom Altarraum die Stufen hinab und stellt sich mit seinem Mikrofon direkt vor die gut gefüllten Reihen, reicht längstmöglich selber die Hand zum Zeichen des Friedens. Man möge „mildtätig zu den Armen" sein und „die Rechte der Ausgegrenzten" verteidigen, unterstreicht er. Papst Franziskus, ebenfalls Jesuit aus Südamerika, hätte es kaum besser ausdrücken können. Mit seinen Appellen hält Joaquín gleichzeitig vor Augen, wie chronisch aktuell Vorbildlichkeit und Vermächtnis des heiligen Petrus Claver fortleben. Derweil rotieren Ventilatoren neben den Holzbänken in der Kirche. Und durch das geöffnete Hauptportal mischt sich in den Luftzug das Glöckchenbimmeln der Eisverkäufer vom Vorplatz.

EINSAMKEIT AM PAZIFIK

Der Rest der Welt scheint an Kolumbiens nördlicher Pazifikküste weit weg zu sein. Ein Propellerflugzeug bringt mich von Medellín nach Nuquí, ein Boot ab Nuquí übers Meer in die Holzhütten-Einsamkeit eines Aussteigerpaars, Marta und Beto.

„Ich bleibe für immer hier."

Aussteiger Beto

Ohrstöpsel sind das erste, was mir eine Bodenhostess vor dem morgendlichen Propellerflug an die Pazifikküste in die Hand drückt. Ein netter Service am Airport von Medellín. Da ich kein Freund solcher Pfropfen bin, lasse ich die Gehörgänge frei – bis sich der Lärm kurz vor dem Start zu einem solchen Dröhnen und Röhren verdichtet, dass ich sie dankbar im Restschmalz versenke.

Sechs Passagiere und einiges Frachtgut in Pappkartons heben zur fünfzigminütigen Schaukeltour nach Nuquí ab, wir steigen über die Außenbezirke von Medellín. „Und das soll das berüchtigte Medellín sein, in dem vormals die Drogenkartelle Angst und Schrecken verbreiteten?", hatte ich mich gestern in einer schicken Coffee Bar und vor dem Regionalmuseum von Antioquia auf dem Freiplatz gefragt, der als Skulpturenpark des weltberühmten Medellíner Bildhauers Fernando Botero aufgemacht ist. Überrascht hatten mich auch die modernen Seilbahnstrecken, in denen ich über die Stadt gondelte und mich nicht im Geringsten unwohl fühlte. „Das Land hat sich geändert", sprach mich plötzlich jemand auf Englisch an. Er stellte sich als Jorge vor, neben ihm stand ein alter Mann. „Das ist mein Vater, den besuche ich gerade", setzte Jorge hinzu, der, so erfahre ich, 1980 als Sechzehnjähriger in die USA auswanderte, dort die Highschool beendete, studierte und heute in Miami lebt. „Mein Vater kommt leider nicht zu mir, er hat Angst vor Flugzeugen", sagte Jorge kurz vorm Ausstieg.

Dieser Worte entsinne ich mich gerade, als wir über Flusstäler und dichtes Waldgrün hinweg vibrieren. Leichte Turbulenzen scheinen zur Flugroutine zu gehören. Eingetrübt von Regenschleiern, taucht schließlich die Küste mit dem kleinen Delta des Río Nuquí, Sandbänken, menschenleeren Stränden und ausgesprenkelten Inselchen auf. Pilot und Copilot setzen die Minimaschine butterweich auf der Landebahn von Nuquí auf.

Marta und Beto, ein Aussteigerpaar in der Einsamkeit, erwartet mich – allerdings nicht hier. Sie haben einen Bootsmann entsandt, der mich am Terminal in Nuquí abholt. Wie bestellt, hört zum Empfang der Regen auf, über eine aufgeweichte Straße marschieren wir zum Flusshafen am Río Nuquí. Auf dem Zubringerboot zur Unterkunft Cabañas Beto y Marta verpackt der Käpten meinen Rucksack in Plastik, beschwert die Fracht mit dem Anker. „Wegen der Wellen", klärt er mich auf und reicht mir eine Schwimmweste und ein Zusatzregencape. Bevor der Fluss ins Meer übergeht, knattern wir an Mangroven und Häusern auf Holzstelzen vorbei. Ein kurzer Halt bei dem mit Sandsäcken gesicherten Polizeiposten von Nuquí ist obligatorisch, obgleich sich der Diensthabende auf Distanz hält. Es genügt, ihm aus der Ferne meinen Namen, die Nationalität und Passnummer durchzurufen. Die Flussmündung des Nuquí hat ihre Tücken, der Käpten dreht den Motor auf. Es schäumt und spritzt, ein Mix aus Gischt und Regen peitscht mein Gesicht. Eine halbe Stunde später bin ich am Ziel, zwei Landspitzen liegen hinter und ein paar Felsrücken in der Brandung vor uns. Der Käpten landet im Rückwärtsgang so nahe wie möglich am Ufer an, es gibt weder eine Mole noch ein Hinweisschild auf die Cabañas Beto y Marta. Die Namensgeber, Marta und Beto, stehen am Sandstrand und helfen mir und meinem Gepäck beim Satz ins Trockene. Drei Tage lang werde ich bei ihnen bleiben, in einer schönen, befremdlichen Welt. Um Komfort geht es nicht. Einsamkeit und pure Natur sind der eigentliche Luxus. Weder Straßen noch Autolärm. Keine Hektik. Kein Fernsehen. Kein Internet. Betos und Martas Drähte zur Außenwelt sind ein Radio und ein Handy, über das Reservierungen von Gästen eingehen. Derzeit herrscht Buchungsflaute, ich bin der einzige Gast. Dichter Dschungel wuchert bis an die Strandlinie, keines der vier Holzhäuschen der Cabañas Beto y Marta hat ein Türschloss. Anklänge von dem, was gemeinhin als Zivilisation bezeichnet wird, geben gelegentlich Motorengeräusche, die von Passagierbötchen aufsteigen. Regelmäßig tuckern sie zwischen Nuquí und dem nächstgelegenen Küstenort Termales hin und her.

Beto und Marta sind Anfang Fünfzig, gestandene Naturtypen und stammen aus Medellín. Als dort Ende der 1980er-Jahre der Boden brannte und Drogenkriege tobten, die jedem gefährlich werden konnten, verließen die beiden ihre Heimatstadt und entschieden sich zum Aussteigerdasein. An einem entlegenen Teil der Pazifikküste schlugen sie sich ihr neues Zuhause buchstäblich frei. „Das ganze Terrain war komplett mit Regenwald bedeckt", erinnert sich Beto, „es war verfügbar und gehörte offiziell niemandem, es gab keine Besitzurkunde." In Pionierarbeit bauten sich Marta und Beto ihr Nest und später eine Holzhüttenlodge für Traveller, obgleich sie das ursprünglich gar nicht geplant hatten. Bei der rundherum urbar gemachten Erde setzten sie auf das Prinzip der Selbstversorgung. Entscheidend bei der Anlage der Nutzgärten hinter dem Meer waren ihre Studien der Agrarwissenschaft, doch der saure, teils sandige Boden bot nicht die besten Bedingungen. Klima und Bewässerung stellten dagegen kein Problem dar. „Hier ist es außerordentlich regenreich mit 8000 Millimetern Jahresniederschlag, die Temperatur sinkt nicht unter 24 Grad", sagt Marta. „Eine Jacke braucht man hier nie", setzt sie hinzu und blickt von der überdachten Holzterrasse hinaus auf Kokospalmen und Ozean. Ein Kitschmotiv, nur in echt. Pelikane gleiten vorbei, ein Fischschwarm kräuselt deutlich sichtbar das Wasser. Etwa im Juni und Juli tauchen Buckelwale vor der Küste auf.

Hausherr Beto führt mich am heutigen Februartag durch die Gärten zwischen den Holzhütten. Er und seine Frau haben in mühevoller Kleinarbeit Ananas, Papayastauden und Orangen gepflanzt, ein kleines Solarenergiesystem und Blumenbeete angelegt, horten Kompost, betreiben eine hydraulische Pumpe. „Ein Problem ist immer der Müll", sagt Beto. Plastikabfälle von Gästen werden verbrannt, Glasflaschen zerkleinert und zerschreddert. Dann fährt Beto aufs Meer hinaus und versenkt die Reste auf dem Grund. Jahresdurchgängig wirft der Garten Früchte ab, außerdem Tomaten, Yucca, Ingwer und Kräuter. „Unser kleines Paradies", fasst Beto zusammen, der sich aber auch sicher ist: „Irgendwo weit draußen fahren die Drogenschiffe nach Panamá." Kolumbien und die Drogen, das ist ein konfliktbeladenes Thema, das sich selbst hier nicht ausblenden lässt. Anbau, Schmuggel, Milliardendeals. Um die Jahrtausendwende steigerten sich die Konflikte zwischen Rebellen- und Regierungstruppen, wegen der Paramilitärs konnten Beto und Marta keine Gäste mehr aufnehmen, mussten ihr Reich sogar verlassen: bittere Zeiten, in denen sie vorübergehend emigrierten und über Kontakte als Verwalter eines abgeschiedenen Hofes in Spanien tätig wurden. „Das Landgut dort war einsam, aber an solcherlei Einsamkeit waren wir ja gewöhnt", blickt Marta zurück. Die Ungewissheit, wie es um ihr Paradies in Kolumbien bestellt war, zerriss sie. Als sich die Wogen an dem Küstenstück um Nuquí etwas geglättet hatten, kehrte zunächst Beto nach anderthalb Jahren zurück und machte sich an den Neuaufbau des mittlerweile verwahrlosten Refugiums. Marta folgte weitere eineinhalb Jahre später.

Hinter den Cabañas Beto y Marta, landeinwärts also, gibt es kein Fortkommen durch den Dschungel. So bleibt bei Unternehmungen zu Fuß eine übersichtliche Auswahl:

entweder rechts oder links weg vom Hüttenhotel, immer parallel zum Meer. Ins Küstendorf Termales geht es nur bei Ebbe. „Sonst kommt man wegen der Felsenabschnitte und Mündungen nicht durch", sagt Beto beim Abendessen, bei dem es Tunfisch und einen überraschend schmackhaften Salat aus geriebenen grünen Papayas gibt, „morgen Vormittag ist eine gute Zeit." Die nahen Brandungswellen rauschen mich in den Schlaf.

Frittierte Bananen sorgen für Stärkung in der Frühe, dann stapfen wir los durch den Sand, balancieren über Felsen. Beto zeigt mir wilde Orchideen und sein liebstes Surfrevier. Jeden Tag stellt er sich aufs Brett, Zeit hat er im Überfluss. Kokosnüsse liegen am Strand, Wurzelstrünke von Palmen sind freigespült, Krebse huschen davon. Ein gelbbeiniger Krabbenreiher wartet auf Beute. Ebenso wenig zu übersehen sind die Konkurrenten von Beto und Marta, weitere Cabañas und eine Ecolodge, sowie ein Militärcamp hinter einem Strandabschnitt. Ein paar Soldaten waschen ihre Kluft in einem Flüsschen, Stiefel liegen zum Trocknen auf Felsen aus. Die Einheit besteht aus durchweg jungen Kerlen, einem guten Dutzend insgesamt. Wir tauschen einen freundlichen Gruß. Beto ist zufrieden mit deren Präsenz. „Hier ist es nun ruhig", sagt er. „Wie wäre es ohne die Militärs?", frage ich. Eine Antwort bleibt aus. Nach profunden Analysen scheint Beto nicht der Sinn zu stehen.

Im sechs Kilometer entfernten Termales sind die Menschen dunkelhäutig, Nachfahren schwarzer Sklaven. „Willkommen in Afrika!", kommentiert Beto. Ein Erdweg dehnt sich an Hütten, aufgeleinter Wäsche und Schutzüberhängen mit Fischernetzen vorbei. Hühner kreuzen unseren

Weg, auf stattlicheren Behausungen aus Ziegelfundamenten und Holzbrettern thronen Satellitenschüsseln. Neben dem dörflichen Hauptladen tuckert der Generator, im Innern erstaunt mich das wohlgeordnete Sortiment. Das nämlich reicht von Tunfischdosen und Windelpackungen über Zwiebeln und Kartoffeln bis zu Speiseöl und Klopapier. Alka-Seltzer und Bierkisten scheinen in direktem Zusammenhang zu stehen. Viele Jüngere sind längst aus Termales abgewandert, die Zukunft liegt nicht hier. „Wenn die Leute Reis und Bananen anpflanzen und Alkohol und Musik haben, sind alle zufrieden“, urteilt Beto über die Verbliebenen. Das klingt irgendwie despektierlich, ist aber vielleicht nicht so gemeint. Viele Non-Profit-Organisationen seien schon hier gewesen, um zu helfen, die Lebensbedingungen zu verbessern, sagt Beto, doch alles habe nichts genützt. Seine Meinung: Man soll die Menschen, die unter sich und in einfachen, bescheidenen Verhältnissen leben, einfach in Frieden lassen.

Das Dorfende von Termales steckt das Schulgebäude ab, bestehend aus zwei holzvergitterten Räumen mit Plastikstühlchen für die Schüler. In jedem Raum findet der Unterricht parallel für mehrere Klassen statt. Ich sehe mich von vielen freundlichen Kinderaugenpaaren beäugt. „Heute ist um elf Uhr frei“, sagt mir Ilde, einer der beiden Dorfschullehrer, „wir starten eine gemeinsame Müllsammelaktion.“ Ilde unterrichtet seit vier Jahren hier, wohnt aber in Nuquí. Jeden Samstag nimmt er das Boot zu Frau und Kindern.

Auf dem Rückweg kommt uns ein Fischer mit stattlicher Beute entgegen, aus dem Regenwald tönt ein Zikadenkonzert. Kurz vor den Cabañas führt mich Beto an einen Dschungelpool. Zeit für ein kühles, erfrischendes Bad unter Baumriesen.

Am Abschiedsabend steht marinierter roher Fisch auf dem Speiseplan. Glühwürmchen tanzen um die Hütte, in der Nacht fegt ein Trommelfeuer aus Tropfen über das Dach. Am Morgen sehe ich Kolibris über den Garten schwirren. Die Sonne hält sich bedeckt, Wolken lasten tief über dem Pazifik. Das bestellte Boot, das mich zurück nach Nuquí bringt, kommt pünktlich.